贝页
ENRICH YOUR LIFE

中国人在澳洲

他们的历史、影响，过去和现在。

CHINESE DOWN-UNDER

〔澳大利亚〕
雷攀（Patrick Grayson）
著
王凯利
译

文匯出版社

图书在版编目（CIP）数据

中国人在澳洲 /（澳）雷攀（Patrick Grayson）著；王凯利译 .
—上海 : 文汇出版社，2020.12

ISBN 978-7-5496-3384-5

Ⅰ.①中… Ⅱ.①雷… ②王… Ⅲ.①文化交流－研究－中国、澳大利亚 Ⅳ.①G125 ②G161.15

中国版本图书馆 CIP 数据核字（2020）第 225384 号

Chinese Down-Under by Patrick Grayson, ISBN: 978-0-9944028-6-8

上海市版权局著作权合同登记号：图字 09-2020-920 号

中国人在澳洲

作　　者 /（澳）雷攀
译　　者 / 王凯利
责任编辑 / 戴　铮
封面设计 / 泊　延
版式设计 / 汤惟惟
出版发行 / **文匯**出版社
上海市威海路 755 号
（邮政编码：200041）
印刷装订 / 上海颛辉印刷厂有限公司
版　　次 / 2020 年 12 月第 1 版
印　　次 / 2020 年 12 月第 1 次印刷
开　　本 / 889 毫米 ×1194 毫米 1/32
字　　数 / 167 千字
印　　张 / 7.75
书　　号 / ISBN 978-7-5496-3384-5
定　　价 / 68.00 元

感言

《中国人在澳洲》一书在阐述这两个有趣并且拥有迷人文化的国家之间的联系方面是有深刻意义的。书中涵盖了一些热议话题，比如两国之间对彼此的态度、经济贡献和旅游业。作为一个从未去过这两个国家的人，我非常喜欢这本书，因为它的内容通俗易懂而且信息丰富。另外，本书是按照主题而非章节划分的，效果很不错，我也特别喜欢作者通过富有创意的故事来打破传统的写作方式。

马迪·麦格林（Maddy McGlynn）

（编辑／校对；英国）

致中国读者

贝页图书的伙伴们让我写一段话告诉大家，我为什么会写《中国人在澳洲》这本书。

我猜是因为我喜欢人（如果我不喜欢人的话，那我还能喜欢什么呢），而且我格外喜欢中国人。我喜欢他们是因为他们一直以来对我很友好，在我造访中国期间给了我很多帮助。另外，我还和他们有着各种各样的商业往来。我们对彼此的生活充满好奇，而且我很喜欢我在中国看到的一切。

我已经经手了约 16 本有关中国的书籍，有些是我写的，目前已经由中国的出版社出版；有些是我翻译并引进到澳洲的。这些书籍种类繁多，有讲中国童话、民间故事和爱情传奇的，有讲儒家学派的，也有关于心理学、中国佛教、传统中医和传记方面的，另外还有一些以中国为主题的其他书籍。我很喜欢这些书，也从中学到了很多东西。我认为我对中国和中国人都有了一定程度的了解。

我有很多中国朋友（在澳洲和中国国内都有），我们就中国和澳洲的话题有过很多次长时间的讨论。所有这些都让我想要更多地了解在澳华人的历史。

正如书中所说的那样，中国人在澳洲的角色极其重要。虽然没有事实能证明我以下说的话，但在我看来，中国可能是继英国和美国之后，对澳洲最有益处的国家。显然，有些中国人成为了非常好的澳洲公民，我想记录下这一点。

然而，随着越来越多的中国人来到这里，有些人留了下来，有些人则在花了很多时间、精力、金钱之后返回了中国。两国之间的贸易一直在不断增长，因此华人的影响力也在不断提高。

澳大利亚是一个好地方，但并非一直这么好。我们对待中国朋友们并非一直都那么友好。曾经，当然即使到了现在仍然存在一些种族歧视现象（情况正逐渐好转）——我想要谈一谈种族歧视。我一直试图说真话，告诉他人什么是好的，什么是坏的。但如我所言，这是一个不断发展的关系，因此希望在未来将会有更多好事，更少坏事。

感谢您品读《中国人在澳洲》。我希望您能像我喜欢写这本书一样，喜欢阅读这本书。如果您觉得书中内容有任何可改进之处，请务必联系我。

雷攀

2020 年 2 月

序

我和在中国出版社工作的朋友聊天时，被问起是否有写过关于中国的书籍。“什么？让我来写？可是你们才是中国人啊……你记得的啊，我是澳洲人啊。”后来我问：“你想让我写什么方面的书呢？”他们回答：“一本有关中国人在澳洲生活以及他们的影响力的书。毕竟，澳洲和中国是近邻，中间只隔了一片汪洋罢了。”我当时只说了一句“噢”，但心里已经有了主意。

当然，肯定有人会记得，中国人来到澳洲的时间比白人要早得多，有人说最早可以追溯到15世纪。他们来到澳洲与原住民做买卖，同时也寻找一些矿物。

官方记录的第一位中国移民是在1818年来到澳洲的，名叫麦世英。和其他很多中国移民一样，他成为了一名富商。然而，很多其他中国移民也有可能是通过非官方渠道来到澳洲的。即便到了现在，中国依然是澳洲最大的贸易伙伴，2017年为澳洲贡献了将近32%的贸易总额。贸易并不仅仅来自中国的出口，澳洲也提供给中国很多商品作为交换，如煤炭、铁矿石、农产品和机器设备。2017年，中国购买了澳洲 70% 的羊毛。除了物产的输出，澳洲同时也向中国提供知识产品，比如两国之间在电影行业的合作交流。澳大利亚电影制作人的指导和帮助，令中国大规模发展的电影业（很快将跻身世界上最大的电影行业之列）受益匪浅。

人员往来是我们两国之间最大的贸易交流与合作。2017 年，光北京一座城市就有 160 万游客来到澳洲观光。这一贸易是双向的，因为中国是澳洲游客的第二大出行目的地，所有人都会想去看看这个了不起的国家。另外，每年有 50 万的国际学生来到澳洲留学，其中中国学生占了 10%（许多人最后成为了澳洲公民），而且这个数字还在持续增长中。

有趣的是，在澳洲学习的国际学生（不单单是中国学生），以及他们支付的生活费用和教育费用，构成了澳洲的第三大产业。

当然，为了撰写本书，我几乎了解了所有有关在澳华人的故事以及他们对于这个国家的贡献。在本书中，你将会获悉澳洲华裔参与了澳洲所加入的战争——许多人都是勇猛果敢的英雄。在我与澳洲华裔或与居住在澳洲的中国人的访谈中，他们都分享了各自的故事和见解。早年淘金热时期的历史很吸引人，这是肯定的，其中华人的参与和贡献也一样。本书还介绍了众多澳洲华裔的生平：一位时尚设计师、一位舞蹈家、一位科学家、多名流动工人、一位教师、一位心脏移植医生、多名政治家和许多在各自领域取得成功的人士。然而，并非所有人都是英雄或会被人称赞，比如一位早年臭名昭著的丛林土匪山姆·普，或者嗜血冷酷的三合会。

这一本书是为中国读者写的书，话题众多。书中介绍了许多让澳洲大陆焕发生机的动物，这些动物让早期来澳的中国人感到害怕；还有早期中国人和原住民（澳洲土著居民）之间的关系，以及他们的友谊，和在商业与婚姻方面的联盟……另外，当然，我们还会看到一些中国的改革家。书中还会提及种族主义和同情心，贫穷和财富，但最重要的是这本书与人有关——澳大利亚人、中国人、澳洲华裔。我们不能忘记华人父母起早贪黑地工作以便子女有机会接受教育，还有那些中国学生和开店的华人——这些都是下定决心为自己和家人在澳洲谋生的人。

任何研究澳洲发展的历史学家（我并不是历史学家，我只是对此着迷），如果他们没有写到中国人对于澳洲的贡献的话，那他们的成果将会是不完整的。在阅读本书的过程中，你将会读到早期的中国人造访澳洲，以及在过去整整 300 年里中国劳动力进入澳大利亚的情况。

本书涵盖的话题有：淘金热时期、白澳政策、澳洲的唐人街、华人有组织犯罪、澳洲华裔的艺术作品、澳洲的中国新年、中国人和中国企业在澳洲的投资、中国对于澳洲的贡献、中澳体育交流、在澳洲军队服役的华裔、王彩的故事（19 世纪 50 年代的一位移民）、五十年后的澳洲、中国人与澳洲原住民之间的关系、对在澳华人进行的采访以及很多很多内容。

***

我的生活就是云游四方，这点或许在我写这本书的时候就有所体现。即使我尽可能地按照逻辑顺序和连贯性来写作，但书中的内容常常会涉及看似无关的主题。这本书不是文学著作，也不是学术大作，大部分内容是基于当时的纸媒报道。当我开始写这本书的时候，我并没有把我自己想象成一位研究中澳关系的专家，并且当我写完书以后，我依然没有把自己视为专家。此书是基于娱乐和阐述信息的初衷而创作的。书中没有章节，只有不按重要性划分的主题。

我喜欢写这本书，而且当我开始写作的时候，我从未意识到通过研究来阅读和学习会吸收多少或会有多少乐趣。我爱这本书是因为它着重的是人，而不是事物。我写的越多，或我做的研究越多，我做的访谈越多，我就对它越着迷。也许你会和我一样对此着迷。

标签

这本书是以澳洲为主题而把大家融合在一起的。然而，我谈到了在澳华人、原住民、欧洲裔澳洲人或非洲裔澳洲人。这意味着我给他们贴了不同的标签，对此我感到惭愧。通过不同标签来区分每个人的背景并非我的本意，为此我深感抱歉——我不是想要抬高或贬低任何澳洲人，无论他们的背景如何。但是，为了让这本书能有意义并突出中国人对于澳洲的贡献，我不得不借助标签来阐述背景，尤其是在澳华人。

雷攀

目录

什么是澳洲人？

20 世纪 60 年代的澳洲人基本上都有英国血统，以及一小部分的意大利、希腊和欧洲其他国家的血统。我自己祖上的血统相当复杂，如果真要捋清楚的话，那得再写一本书才够。当然，还有第一批的澳洲人（指原住民）——但遗憾的是，他们并没有被归为“普通的”澳洲人，即使约 6 万年前他们最早来到澳洲（你会在后续内容中读到更多相关信息）。即使到了 2018 年，澳大利亚宪法仍不承认原住民的地位。这种情况相当荒谬，这表明 300 多年前将我们带到这里的澳洲殖民心态依旧存在，没有任何进步。

澳洲的华人群体是中国以外国家中最大的华人团体之一，而且，澳洲拥有的华人华侨人口比起除亚洲以外的任何其他国家都要多。这一点可以理解，因为从大局上来看，澳洲和中国是地理位置相对较近的邻居。目前，来自中国的移民几乎已经在世界各国定居。

根据 2016 年的人口普查结果，具有中国血统的人口占据了澳洲人口的 5.6%。然而，由于他们敏锐的商业头脑和与中国的关系，他们对澳洲的影响力可能大于这个数字。

毫无疑问，澳洲的面貌正在发生改变，当今大约有 28% 的澳洲人并非于本地出生。如果我们看一下澳洲两代人的数量（即出生在澳洲但父母来自其他国家的人），这个数字接近 60%。当看到这些数字的时候，引发了这么一个问题，澳洲人的面貌是什么样的呢？

稍后我会解释澳洲的白澳政策，该政策以立法形式承认种族主义。基本上，这个政策是针对华裔工人的。尽管该法令现已作废，但这里仍有很多人会排华。事实上，澳洲是世界上最国际化的国家，来自各个国家的移民比例为全球最高。这是一项值得骄傲的成就。我喜欢去澳洲当地的购物中心，观察欧洲移民服务非洲移民，并观察非洲移民和亚洲移民交谈；来自次大陆的出租车司机穿着代表他们文化的服装，同时说着十几种不同的语言，在提供各国美食的自助餐中品尝不同的食物，当然还有那些祖祖辈辈都生活在这里的澳洲白人。尽管每个人都有所不同，但他们都有一个共同点——他们现在都是澳洲人，而且是很不错的澳洲人。他们可以告诉你很多故事——有关贫穷、战争和种族屠杀的故事，那些我作为一个澳洲中产阶级听到后仍然会感到震惊的故事。

还有一方面可以让移民们在澳洲产生共鸣，那就是他们非常感激能在一无所有的时候来到这里，感激他们得到的机会，所受的教育。他们的子女也会一样感激获得的教育机会。这些都是为什么澳洲能如此幸运拥有这些人的原因——他们是任何国家都希望拥有的最优质的移民。

澳洲三分之一的婚姻发生在来自不同文化、不同宗教和不同种族的人之间。结合了黑人和黄种人，或者白人；他们有圆眼、杏仁眼、棕色的眼睛、蓝色的眼睛；有卷发、直发、黑发、金发、红发；还有当今流行的紫色、红色和绿色头发；有人戴头巾和面纱，还有人戴基帕（犹太男性所佩带的头饰）；有人会在公园里打太极拳，有

根据《每日电讯报》（*The Daily Telegraph*）2017 年 6 月 28 日的报道，目前在悉尼，有中国血统的人比有英国血统的人还要多。

澳洲在 19 世纪 40 年代需要劳工，因此第一批来到澳洲的中国工人都是契约工人。他们来到新南威尔士州的殖民地，主要在农场里干活。

自第一位官方记录的中国移民于 1818 年来到澳洲，澳洲于 2018 年举办了 200 周年的纪念仪式。

摘自澳大利亚国家博物馆

中澳之间最早的接触似乎发生于渔民在澳洲西北海岸寻觅檀香、贝母和海参的时候。而中国方面的消息则是 1477 年绘制的一张显示澳洲大陆轮廓的地图（这张粗略的地图意味着他们一定已经环游过这片大陆了）。

在 HMS 调查者号帆船（1802—1803 年）的日志中，马修·弗林德斯（Matthew Flinders）写到卡奔塔利亚湾（澳洲北部一个海湾）的原住民似乎熟悉火器和铁制工具，而且他记载说自己看到了他认为是起源于中国的瓦罐、竹格子和其他物品。

人在去教堂、清真寺、寺庙的路上，或者只是带着孩子们在阳光明媚的时候去公园玩耍——这些是当下澳洲人做的事情，他们将塑造澳洲不断变化的面貌和未来澳洲人的心态。谁知道500年后澳洲人的面貌是什么样子。我真想留下来见证。

澳洲一直以来都被称为一个幸运的国家。的确如此，它很幸运。它有丰富的矿产资源、宜人的气候和如上所述来自不同国家的最棒的人们。因为这些人的到来，我敢确信澳洲将会一直是一个幸运的国家。

我们还需要考虑的是澳洲在通过这种人口混合、结合和进化后会变成什么样子。澳洲是澳洲人进化过程中的一个大熔炉……如果达尔文还在世的话，我敢肯定他会乐于记录下这次进化。

***

澳洲虽然被称为一个幸运的国家，但它的某些地区有时会遇到全世界条件最恶劣的气候。澳洲大部分地区都是沙漠或干旱地带，只有沿海地区有充足的、经常性的降雨。很多城市的气温时常超过50摄氏度，很多地方会遇到旱灾或者涝灾。更别说数以百计肆虐澳洲大地的丛林火灾了，有时火势能绵延100公里。此外，澳洲北部区域每年平均遭遇13次飓风。

澳洲的主要城市均坐落于沿海地带，其人口约占总人口的85%。其余的沿海地带人口又占了另外10%。因此，内陆区域每平方公里大约只有0.02个人。

美国国家航天局的数据显示，澳洲每周平均发生4595次丛林火灾。

澳洲是世界上最大的岛屿，最小的大陆，也是陆地面积第六大的国家。

它的人口稀少到平均每平方公里仅有3人，它是继西撒哈拉、苏里南和蒙古之后每平方公里人口数量第四低的国家。比较之下，中国北京的东城区平均每平方公里有25492人。

很多早期的中国移民带来了中国货币（硬币）。这在官方流通的货币中没有任何用处，但它在中国社区内被广泛使用，作为他们的独立货币。

早期中国移民把澳洲称为"玉和金"，意味着繁荣之地。

我想知道现在是否依旧如此。

当我在中国的时候，我的很多中国朋友想要知道我最喜欢他们国家的什么。有些人问："是长城吗？""不，"我回答说，"长城很棒。""那故宫呢？"他们试问。"也不是。"他们有点着急："那你所看到的最棒的是什么？""哈，你问到点子上了。是人。他们是我在中国看到最棒的地方。你刚问到的所有东西都很好，而且充满历史感，但是它们只是东西。人不可物化，他们是真实存在的。你是真实的，我也是。感情和感知比起建筑和桥梁更重要。母亲比起长城和建筑更重要。人类总是比东西来得更重要。"

仿佛为了支持我的说法，当我在拍下次去中国的签证的照片时，拍照的澳洲白人说："你去过中国吗？那里的人老可爱了。"

淘金热

1851 年，爱德华·哈格里夫斯在加利福尼亚州的淘金潮中小试运气以后，回到了澳大利亚。在造访了位于新南威尔士州的巴瑟斯特市以后，他坚信当地的地质状况与加州非常相近。抱着碰碰运气的心态，他索性挖起了金子，结果真的取得了成功。当他的故事被他人知晓后，世界各地的人们都纷纷慕名涌入了这个位于大分水岭中的美丽山城。这里的冬天异常寒冷，而夏天又酷热难耐。人们来到这里寻求财富，或者更确切地说，是想要脱离世界上 95% 的人口正经历着的贫穷困苦的生活。

不久之后，托马斯·希斯科克在维多利亚州的巴拉腊特市找到了金子，并因此吸引了一大群满怀希望的人慕名而来。

在淘金热早期，大约有 4 万名中国人来到澳大利亚，他们将澳大利亚称为新金山（大金山），到这里来寻找财富。他们中的大部分人来自中国南部的珠江三角洲，一个贫困的地区。当时，这片地区被环境、经济和政治方面的问题所笼罩，也难怪这些人会来到这里了。他们为了改善家庭生活质量愿意付出一切代价，做任何事情。

年轻的中国人仍然住在父母辈的祖屋中，并且被传统的荣誉感和对长辈的尊重所驱使，常常被迫去到澳大利亚以便帮助家人脱离贫穷的折磨，他们觉得尊重长辈的意愿是自己应尽的义务。许多人

很多报刊报道，早年澳洲人曾常用“天朝之人”（Celestial）这个词来形容中国人。在整本书中，包括老报纸的报道中，你将会看到“天朝之人”这一词。

这个词起源于中文的拼音（方言）天朝，翻译过来就是天朝大国的意思。因此天朝这个词被用来形容中国人，尤其是在报刊报道中。

澳洲的中式善意

在19世纪70年代，《广告人报》（*The Advertiser*）曾刊登过这样一篇文章，标题为“一位善良的中国人”。

几天前，在瓢泼大雨和阵阵大风中，有人看到一位可怜的女士行走在赫伯特街上，她怀抱一个婴儿，身边还有另一个可怜的孩子紧紧抓着她的裙子。天知道她要去哪里，但从她的衣着来看，家庭条件是相当困难的。当一些人同情地看着这一幕时，一个中国人（天朝之人）迅速从他的商店里跑出来，塞给了那位女士一个大包裹并立即返回店中。那个包裹里装着的其实是一块做工精良的毛毯。赠人厚礼却毫不张扬，这一举动令当时的在场人士震惊。送毛毯的人叫做孙彤利（音），是当地镇上的一位中国商人，这一慷慨举动彰显了他人性中最高尚的一部分。

在1857年仅仅一年的时间中，有205464盎司的金子（约等于当今2亿5千9百万美元的市值）被中国人运回了中国。他们同时也将从各行各业挣来的大笔薪水运回去了。

被能挖到金子的承诺所怂恿，他们中的大部分人都是由中介签约并负担行程的，因此，这些年轻人在长期穷困潦倒的情况下还要支付欠款。这些中介也都是中国人设立的并且总能由此发财致富。遗憾的是，很多满怀希望的年轻人在前往澳洲大陆的途中没能存活下来，还有很多人因为熬不住澳洲的环境和气候，在下船去到各个淘金热门地区的途中不幸遇难。具体的死亡人数不得而知，因为他们越过的土地面积巨大，而定居点却很少。当然，客死异乡的厄运不止发生在中国人身上，从世界各地来的其他移民也未能幸免。

无论是在哪里发现了金子，淘金者几乎是在一夜之间涌现。在大部分情况下，如收集垃圾或者建设道路的基础服务的速度都无法赶上淘金者的步伐。也难怪，这些地方可都是不毛之地啊。

中国移民的妻子和孩子不被允许和他们的丈夫或父亲一起去国外。其中一个原因是他们（在某种程度上）被视为赎金，为了保证男人们会如约回国。而另外一个原因是，在当时只送一个女人出国的话实在不值得。

有些中国人并非通过挖金矿挣钱，而是通过提供相关的配套服务，例如，开商店、务农，或是通过不太体面的妓院和鸦片窝点来赚钱。然而大部分人由于支付了出国的高额中介费后留下的余钱并不多，几乎快要饿死。但在大多数情况下，他们挣的大部分钱都要寄回给在中国农村的家人。为了避免饿死，中国人愿意做欧洲人不愿从事的工作。这些工作不需要英语能力，但是挣得的薪水往往很少。

来到澳洲的大部分华人都是男人，他们想要在矿区碰碰运气。

摘自澳大利亚国家博物馆

中国家具贸易

在中国矿工用木制箱子将黄金运输回国的淘金热初期，中国移民就进入了家具制造行业。他们的家具一般都由藤条和澳洲雪松制成，同时家具的价格和现代风格的设计对那些收入有限的人群相当有吸引力。藤条是一种柔韧的棕榈，把它浸泡在水中可以很容易地再做成藤制家具。

墨尔本的朗斯代尔街、小朗斯代尔街和展览街曾是中国家具贸易的中心地点。大约有 175 家中国公司曾在这几条街上营业。

《阿格斯报》(*The Argus*)，1859 年 10 月 13 日

我们中国矿工群体中发生的严重致死事故需要有一些预防措施，前提是如果可以安排的话。

上周有三位天朝人不幸命丧坎贝尔的小溪中，其实谨慎一点的话所有这些伤亡都可以避免。中国人不像欧洲人那样善于挖洞，因此会经常遭遇这样的不幸事件。在矿工人群中，中国人会在欧洲人不愿工作的地方工作，但欧洲人不愿承担中国人所承担的风险。然而说出弊病往往远比制定补救措施要简单得多。

摘自维多利亚文化网站：据信这张照片拍摄的是在纽斯特德，靠近卡索曼的一辆正前往菲德拉斯河途中的马车。菲德拉斯河是 1853 年砂金潮中的一个地点。这辆马车上载着的都是中国矿工和他们携带的行李装备。注意到马车后面的中式帽子了吗？或许他们还在行李装备中夹带了一本英文常用语手册呢。这些人也可能是搭顺风车的“免费乘客”。

后来还能被挖掘出来的砂金数量很有限，因为大部分的砂金都已经被开采光了，只能由规模更大、拥有更多资金的企业到更深的地下开采。

矿区的大部分中国工人都来自中国南方，到 1861 年为止，一共有超过 2.4 万名中国人在维多利亚州的采矿区工作。他们想来这里挣大钱，这样回中国以后就能摇身一变成为富人。然而，大部分情况下，这种愿望难以实现，因为大部分人都拖欠着中国商人（中介）帮其负担的到澳大利亚的行程费用，而且他们不得不长时间辛勤地工作以便能在回国之前还清债务。话虽如此，要么由于机缘巧合，要么由于无法筹集到回国的费用或者由于死亡，最后大约 4 千华人留在了澳洲。

采矿区的日子并不好过，近 90% 的采矿人都来自其他国家。所有种族群体之间都存在着竞争和冲突，种族歧视更是屡见不鲜。中国人经常由于他们的黄皮肤而遭受其他工人的暴力对待。曾经有一段时期，一大群工人袭击中国人聚居区并致使多人受伤。如果警察没有介入阻止袭击的话，情况将会更加严重。然而没有一个袭击者被起诉，这足以证明当时其他种族对待中国人的态度。

对于那些中国工人来说，他们一定经历了相当艰难的一段时间，每天起早贪黑地工作，挣得的收入微不足道，还得生活在一个别人对自己有敌对情绪的陌生地方。而且几乎没有中国女人能为他们提供慰藉，那些白人女人看不上中国男人，也不会降低自己的身份与那些被称为“苦力”的男人为伍。

在淘金热结束之后，大部分人离开了矿区，少数中国人选择留

《阿格斯报》，1861 年 5 月 7 日

他们（中国矿工）挖了一个大型围场，深度有 60~70 英尺，而且这些勤劳的矿工清理掉了所有表面的污垢和洗涤过的污垢。他们把已提取了黄金的矿石用水桶装起来，挂在竹扁担上，再从围场角落或中间开辟出的楼梯爬上来，到离他们工作场所稍远的地方把矿石堆积起来，堆得像小山一样高。我看到的矿石堆有 20 英尺那么高。通过这个模式或者操作方式，他们可以在没有木材支撑的情况下干活，由于所有清理出来的污垢都被转移到很远的地方，因此切割时它的重量会在两侧产生压力。来自欧洲的矿工们似乎也得到了要领，着手开展了一个类似的计划，只是用独轮车取代了水桶和竹扁担……

《阿格斯报》，1862 年 6 月 19 日

我们每日新闻的一位作者探访了中国人聚居地并受到了热烈的欢迎和接待。他们的对话主要围绕每周在镇上出售的大量伪造的（可疑的）黄金。（对话谈及黄金制造，显然无法做到。）阿路嘲笑我太天真并告诉我，中国人制造了大量的金块标本……中国人有点机灵。举个例子，你有 5 盎司的真金，5 盎司的黄铜，还有 2 盎司的锌，把它们放在同一个锅里熔化掉，再将混合物倒入磨具中——你现在就得到了一块“黄金”。拿一把锉刀或木锉慢慢打磨，直到你把它锉成粉末，也就是假的纯金。将这些粉末以 2∶3 的比例与纯金一起混合，然后把它卖掉。

爱德华·高夫·惠特拉姆（Edward Gough Whitlam）在 1972 年宣誓就任总理仅几周后就着手与中华人民共和国建立了进一步的外交关系。这是中国和澳大利亚之间贸易和关系的重要时刻。

第一位中国驻澳大利亚的大使是王国权阁下。而另一方面，当澳大利亚第一任驻华大使动身前往中国时，大约有 600 名在澳华人前去送行。

在了澳洲，更确切地说是留在了这片大陆上，他们搬去大城市从事其他行业，例如园艺、开饭馆或经营店铺。他们挣的钱无一例外地都寄给了远在中国的亲人们。

白澳政策（种族歧视——惧怕外国人）

来到澳洲的早期中国移民

这片大陆的早年并没有一个叫做澳大利亚的国家。最终出现了六个带有英国主权的殖民地，均由英国皇室管理。这些殖民地是塔斯马尼亚州，新南威尔士州，维多利亚州，后来还有西澳大利亚州，昆士兰州，以及北领地。1901 年 1 月，英国议会通过立法赋予了六个澳洲殖民地（以及后来的澳大利亚首都地区）在澳大利亚联邦下自治的权利，澳大利亚由此成为了一个独立国家。

1901 年以前，其中的两个主权殖民地，维多利亚州和新南威尔士州曾立法控制进入州内定居的中国人数量，这两州同时也是最早发现黄金的两个殖民地。控制移民进入的主要地点位于各个港口，尽管如此，中国人选择先乘船前往其他殖民地，比如南澳大利亚州，然后在这个干旱且人烟稀少的国家徒步穿行至新州和维州。

排外心理已经存在了数千年，在澳洲早年也并不例外。一个国家的人民有很多原因惧怕来自其他国家的人，主要的原因是无知。当时，澳洲白人会说他们担心支付给中国劳工的低薪会影响他们自己的收入；此外，尤其是在当时，人们会担忧与自己看起来不一样的种族，不想和黄皮肤的人为伍，他们觉得有优越感，而且双方的文化太不一样了。因此，当时对于中国人的敌意很多，还有很多反华游行，很多事件最终都以流血的方式收尾。

澳大利亚的民族主义在这个年轻的国家不断发酵，人民渴望获得民族认同感；而华人或黑人不会成为这个国家的一部分。各个殖民地的议会对种族问题施加了越来越多的限制措施。1888 年，大约 3 万澳洲人参加了由反华联盟组织的在悉尼举行的反华集会。各大报纸都纷纷支持民众的种族主义情绪，从而加剧了种族之间的紧张局势。

这一切的结果被称之为白澳政策，该政策在各大联邦殖民地变成一个主权国家，即澳大利亚之后持续了很久。事实上，对不同肤色的外国人的恐惧促使所有殖民地联合在了一起。这些殖民地认为，作为一个国家，把那些非白人的人种排除在外会更好。

摘自澳大利亚国家档案馆网站，凯特・巴格诺尔的研究调查：

这些记录记载了澳洲华人生活的许多方面，包括移民和移居、企业机构、政治活动和社区生活。这是白澳政策期间种族歧视和种族边缘化的记录，研究人员可以利用这些记录来还原澳洲华人过去的生活，并且对于澳洲针对中国人的抵触和复杂情绪有更细致的了解。

摘自澳大利亚国家档案馆文献，以下是一些关于 1910—1913 年间潘魏（音）案件的文字记载：

这是白澳政策时期的一个典型案例，意在进一步减少在澳中国

致中国读者

尽管澳洲是一个拥有联邦政府的主权国家，每个州或领地，比如新南威尔士州和塔斯马尼亚州，都有自己的州政府。这是由造就了这片土地的英国独立殖民地留下的难题。一些澳洲人，当然还有州政府和领地政府会告诉你这对他们州内或领地内的人民来说是件好事（每个州政府肯定都希望自己能保留一些权力地位）。现实是，这一做法既昂贵又不妥当。想象一下这样一套系统，几乎每个州和地区的每条法律条令都要被重写或重新诠释八次，联邦政府也不例外。

为了尝试规避种族主义，很多中国人把自己的名字改成外文名，剪掉辫子（长发），并打扮成西方人的样子。他们强迫自己的孩子，不要只是去上学，还要在学校取得优异成绩。

摘自澳大利亚国家博物馆

针对中国矿工最严重的暴力事件发生在新南威尔士州的中部地区。来自欧洲的矿工被中国人激怒，指责他们在掘金过程中存在明显浪费水资源的情况。单薄的警力不足以控制住局势。在10个月的时间里，蓝滨滩营地发生了六次反华骚乱。最严重的一次骚乱发生在1861年7月14日，当时大约2000名欧洲矿工袭击了中国矿工。尽管中国矿工试图摆脱暴徒，还是约有250人受了重伤，大部分人失去了所有财物。在那次事件之后，蓝滨滩改名为杨镇。

记载中也并非全是坏事……詹姆斯·罗伯特和他的家人把他们在贝克河金矿外面的房子腾出来，供许多受伤的中国矿工避难。在几周的时间里，大约1200名中国矿工来到罗伯特的家园（农场）。罗伯特一家冒着自家农产品被抵制和被暴徒袭击的风险，帮助了受伤的中国矿工。

人的数量。在潘魏案件的记录中，我们可以看到中国人如何慢慢发现自己与他们在澳洲所遵守的官方政策格格不入。案件的主要内容是驱逐潘魏的妻子谭合（音），案件的焦点在于限制他的太太入境。此案件旨在向很多澳洲白人强调一点：把白澳政策强加在好人身上是有多不人道。澳洲的华人社区，就像全世界其他地方一样，历来都由男性主导。当谭合在 1910 年作为潘魏的妻子来到澳洲时，潘魏成为了为数不多可以有妻子陪伴在身边的男性华人（当时，只有 801 个华人有配偶在身边），而谭合成了澳洲境内少数（只有 181 个人）在中国出生并嫁给同胞的女性。但是，澳洲政府迫切希望这样的数字不要再增加。之后，他们的女儿奎尼·合·潘魏于 1911 年 6 月 5 日出生在吉朗，谭合的豁免令得到了进一步延长。继而他们的第二个女儿莱娜·合·潘魏于 1913 年 1 月 4 日出生。随着越来越多反对继续让谭合留在澳洲的声音出现，政府也威胁要将她驱逐出境，这一家人最后在 1913 年 5 月离开墨尔本，返回中国。谭合最初的六个月的逗留时间延长到了两年半。

当时澳洲的联邦政府不愿开创让谭合留在澳洲的先河，是出于担心这样的举措会导致华人人数的增加。但是很多澳洲的普通市民觉得不允许潘魏——一位受人尊敬的基督教商人的家人和他一起居住在澳洲的做法是有失公允的。同时很多人也相信他已经入籍了，而且他的两个孩子肯定也属于在澳洲出生的英国公民。基督教教会和其他很多团体在潘魏努力保护家庭的时候对其发表了声援，请愿书签了，集会也办了，信件也写了，但都无济于事。华人社区也通过积极利用这家人的境遇，呼吁改变澳洲的歧视性法令，澳洲的中文媒体也报道了此

即使法令阻止中国男人携他们的妻子来澳洲，有些人还是会这么做，而且还真的成功了。其中一些人有了他们自己的孩子。当这些孩子长大了，他们想要找一个在中国长大的女孩子作为结婚对象——但他们即使找到也没用，他们没法把她带来澳洲。

《阿格斯报》，1860 年 10 月 11 日

一个中国人溜进他同胞的营地，偷走了一块毛毯和一条裤子。事情败露以后，营地里的十个人大吼着追了出去，不一会儿就抓到了这个可怜的小偷，他们按照自己的方式对他进行了惩戒，他被人抓着辫子拖着走，还被人踢被人踹，被人用竹棍狠狠殴打。之后，他的辫子被绑在木桩上，他遭受了极大的痛苦……失去辫子这种惩罚于很多中国人来说就和瞎了眼或缺了胳膊少了腿一样严重。

《阿格斯报》，1857 年 11 月 7 日

在多大程度上可以继续压迫这些人？比起通过粗鲁的对待方式和严苛的法令强迫他们带着从这个国家挖到的黄金回家，在某种程度上鼓励他们在这里定居是否会更好？这样的话题也值得一番讨论。店家和商贩卖的东西也深受很多中国消费者欢迎，当他们成群结队离开这个国家的时候，我们的第一感受将会是蒙受了损失。

以下是对于约翰·菲茨杰拉德（John Fitzgerald）的著作《白色谎言》（*Big White Lie*）的评论。该评论出自布雷迪在 LibraryThing 网站上的留言。

如菲茨杰拉德所说，澳洲人在定义自我方面思想狭隘，而且他们通过声称中国人缺少澳洲特有的自由、正义和“情谊”方面的价值观来排挤中国人。但是，如他们的行动所展示的，中国人并不缺乏这些价值观。国家需要以世界通用的人类术语来定义自己，而不是范围极为有限的本国术语。

案件。有趣的是，无论是白人还是澳洲华人都以反对通婚和人种结合作为论点之一，来支持潘魏，争取让他和妻子继续留在澳洲。

潘魏案是一个相对罕见的案例，当时在澳洲的华人家庭所面临的艰难困境，引起了整个澳洲社区的关注。因为他们的关注，也因为潘魏让他的家人留在澳洲做出的持续努力……

那只是100多年前的事情，而直到现在，同样的问题偶尔也会发生：有些人的妻子或者丈夫被官方驱逐出境，而其剩余的家人则留在澳洲。这些人现在通常都是难民。

几年前曾发生过一件令人心碎的事件，几个来自同一家庭的穆斯林少年被遣返回中东地区，而母亲则被允许留了下来（少年们被送去了不怎么和他们亲密的父亲那边）。200年前、100年前、现如今，这曾经是并依然是令人痛心的事情。如潘魏案一样，不公正和无情的官僚主义引起了广大人民极大的愤慨。

直到20世纪60年代，白澳政策才被废除。具有讽刺意味的是，当人们认为只有土著人——也就是那些澳洲原住民（注意原住民这个词）才是真正的澳洲人时，他们却早已流离失所。

从某种意义上来讲，为什么会有保持一个种族完整同种性的观点是可以理解的。换句话说，所有人都是由数百种甚至数千种文化所组成的，而且都来自原始基因库。中国清政府曾经立法以减少欧洲人对于其民族的影响（稍后会有更多相关内容）。在阿道夫·希特勒的领导下，德国人大举反犹太主义旗帜，种族主义的情绪上升，并试图通过“优等民族”和“雅利安民族”来传播德国民族主义。《圣经》的

《阿格斯报》，1868 年 5 月 7 日 报道显然有关一位死者。似乎有这样一笔资金存在，这笔资金由殖民地大部分的华人居民集资，专门用于支付挖掘被埋尸体的费用或用于保存已故华人的遗体并将他们的遗体转移到鲜花盛开的土地上……一个普通形状的棺材是用镀锌铁板制成的，以便装进木制棺材中，死者的遗物会被储存在锌制棺材内，盖板会被焊接，还留了一道口子用于倒入 14 加仑的白兰地。这一做法源自双棺殓的启发，而且棺材里的遗物被放置在雪松木和新西兰松木做成的箱子里，用金属短棒固定住，箱子边缘处牢牢地被铁皮绑着。棺材会被适当打磨，并交给死者的同胞，在验尸官的许可下，他会立即将其运送至巴拉腊特市再送回中国。

更多税收——1859 年，维多利亚州政府开始征收 10 英镑的税款以放缓中国人入境的速度。因此很多人为了避开维多利亚州的税收而先登陆南澳大利亚的罗布或阿德莱德港。他们必须得步行大约 800 公里才能抵达本迪戈。若以一天 20 公里的速度计算，大约需要 40 天的长途跋涉。有时他们会和原住民商量，由他们带路。

《澳大利亚人报》（*The Australian*）是澳洲发行量最大的全国性报纸之一。中文版在 2017 年才开始发行，然而订阅量显著，有超过 100 万订阅者阅读《澳大利亚人报》的中文版报纸。

首个中国领事馆于 1909 年在墨尔本落成。

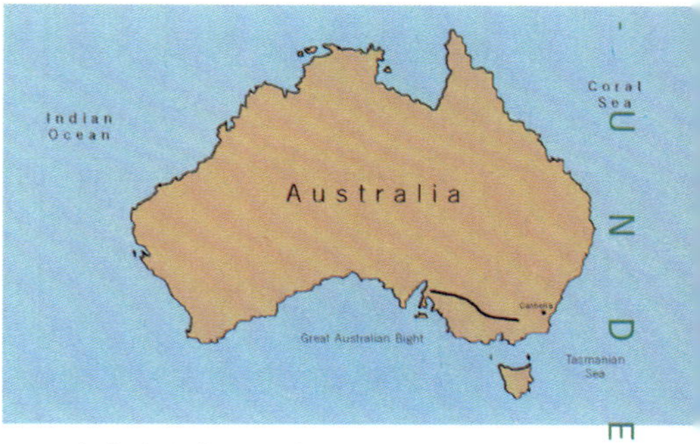

从阿德莱德港步行至本迪戈
（约 800 公里）

第一卷经文说犹太人是被选中的民族（当然啦，因为《圣经》是犹太人写的）。此外，历史曾记载很多人宣称自己是被选中的人，后来被摩西和其他人赶尽杀绝。我们都知道南非的种族隔离政策，那些阿非利卡人（南非的白人种族之一）相信自己是“被选中”的人，因此可以任意支配黑人。事实上，可能没有一个国家不试图保护自己国家文化的纯正性。尽管澳洲的政策有种族歧视性，但他们从未对种族屠杀立过法，或允许种族屠杀（除了澳洲的原住民，他们几乎把这个种族赶尽杀绝）。

随着时间推移，澳洲人逐渐变得更富有同情心，事实上他们也知道无法一直对有色人种关上边界的大门——来自动荡国家的人数太多了。1965 年，澳洲执政党推翻了种族政策，随后 9000 名非白人获准移民至澳洲，而且人数一直在增长。到了 1989 年，彼时的澳大利亚总理鲍勃·霍克（Bob Hawke）批准 42000 名中国学生移民澳大利亚，其中很多人现在已经在澳大利亚结婚生子。到了 2018 年，澳大利亚政府和各州政府一直积极欢迎和支持新一代的在澳华人。诚然，官僚主义的问题时不时会发生，但是从立法的角度来看，澳大利亚正努力通过法律体制变成一个更好的国家。当然思想狭隘和种族歧视仍旧存在，但这真的只存在于澳洲总人口中的一小部分。

唐迟（音）

唐迟在帮助中国移民理解法律条令方面做出了贡献。1947 年，他曾被拒绝入境澳大利亚，即使他曾有成功入境的经历，记录显示唐迟后来还是成功进入了澳大利亚。这为其他抱有希望的中国人打开了大门。

现在，大部分中国移民的职业都是专业人士、学术家、医生、商业投资者以及信息技术专家等等。

历史上中国人仇外的心理

澳洲政府似乎是出于种族原因对华人严苛。他们确实这么做了，也确实对华人存有偏见。然而历史同样显示了，中国历代皇帝和以往各届政府曾同样决意将外国人拒之门外，并禁止外国人玷污他们的血脉。热爱自己出生的国家是一件再正常不过的事情，并且人们通常畏惧改变，哪怕这种改变可以带来好处。所以我们不能责备中国皇帝或者澳洲政府在这方面的过分执着。

以下内容来源于维基百科，描述的是清政府在试图防范外夷时所采取的措施。

1886年，达尔文市有将近4000名华人，主要都是男性。其中大约2000人从事从达尔文到松溪（松溪曾发现过黄金）的铁路修缮工作。这条线路的长度大概有248公里，需要3年时间建成。这份工作非常艰苦，而且达尔文位于澳洲大陆的最北面，高温和长期的户外工作让人叫苦不迭。这是澳洲境内唯一一条由华人劳工建造的铁路。

亨利·劳森（Henry Lawson）是澳大利亚最著名的作家之一。他撰写的散文的内容有关澳洲早年的情形，还有关那些塑造了澳洲的伟人们。因此，他的作品受到人们的喜爱。在他那本名为《金矿区的圣诞节》（*Christmas in the Goldfields*）（约1908年）的书中，劳森回忆起那段岁月，并称孙彤利为“圣诞老人……因为这个中国人有古怪却很美味的糖果，糖果在我们的嘴里渐渐融化，他还把奇特的玩具和中国娃娃给孩子们玩耍……”

……自1757年这一制度实行以来，对于欧洲和中国商人来说，在中国进行贸易往来是百赚不亏的，这些贸易包括茶叶、瓷器和丝绸，此类物品在欧洲的价值极高，这足以证明前往亚洲的旅途是值得的。当时，贸易受清政府的严格管控。外国商人仅被允许通过公行（清朝中期在广州成立的进出口垄断组织）与中国进行贸易往来，并且禁止他们学习中文。外国人只能住在13家工厂（位于珠江沿岸的一个地区）里，并且不得进入中国或在中国其他的地区做生意，这一政策被清政府称为“一口通商”。外国商人只能与低级别的政府官员打交道，也不能以任何理由游说县衙，除非是官方外交使团。清政府维持该制度的法令叫做“防范外夷规条”。

《防范外夷规条》似乎与白澳政策相似，而且可能在同样缺乏同情心的情况下实施，正如潘魏案所反映的那样。

在中国，自从第一批欧洲人于公元100年至公元166年抵达之后，罗马帝国与中国之间就开始有贸易往来了。来自意大利的马费奥·波罗（Maffeo Polo）于1266年抵达中国，从那时起越来越多的人来到中国。即使如此，中国人和他们的历代皇帝都对欧洲人到中国进行贸易和移居保持谨慎态度，但是同时他们也很务实，试图向外国人学习尽可能多的东西，并且他们也想阻止本国人民被灌输外国的宗教信仰。这种情况持续了数百年，直至1990年才有所缓解。

复旦大学社会学教授于海曾做过一次名为“从中国到亚洲的种族主义和仇外心理”的讲座。他曾说（摘自www.highbeam.com），和世界上大多数国家一样，中国也受到种族主义和仇外心理的困扰。

仇外心理在中国悠久的历史长河中根深蒂固，它令基于中国中心主义的对其他种族的歧视甚至是敌对情绪合法化。

这种文化优越感被嵌入了历史话语中，欧洲人被称为“长鼻子的人”（长鼻子对于中国人来说是很可怕的）。

大量研究表明，从一开始中国人就比较排斥基督教，并且把住在境外的所有人都视为野蛮人或未开化的人。比方说，在他们眼中，欧洲人“毛发比猴子还多，有着像食蚁兽一样的大耳朵和大鼻子，身上的味道比死尸还难闻”。中国人笃信“有些白人会把自己的身体绑在一起，以防被老鹰抓走，还有些白人胸口有洞，因此可以用杆子把他们串起来”。他们还相信一些说法，“欧洲的一些城镇里只有女人，她们盯着自己的影子看就会怀孕”。有一段时期，中国人邀请外国人来家做客或接受外币的行为是够得上坐牢的。

幸运的是，对大部分国家来说，包括澳洲和中国，最初立法的种族主义已经成为了过去——大部分人富有同情心，无关种族、信仰或肤色。

***

一个理想的国家

在结束本章前，我想说当今的澳洲人生活在一个拥有平等理想的国家里。就像所有其他社会一样，我们社会中有些人存在仇外心理，惧怕那些和他们不一样的人。这一点是不幸的，通常这种情况是因为无知和对陌生文化的恐惧。

澳洲没有任何一项歧视外来移民的立法。我之前提到过，我们的立法对澳洲原住民并不包容，这一点不好，但这并不是我在这里想要表达的。各界政府都尽最大努力鼓励、帮助我们的移民。我们可能无法消除由厌恶引发的仇恨心理，但通常这些人都会被捕、被罚款或者坐牢，因为有相关法律保护所有人免受种族歧视。尽管过去并非一帆风顺，但我们为已经发展起来的平等主义感到骄傲。

大多数澳洲人基本认同所有肤色，并在必要时伸出援手。他们愿意提供帮助，在需要的时候也乐于慷慨解囊（见下文）。我为自己是澳洲人感到自豪，而且我觉得我们大部分人对于其他人都有正确的态度，无论他们的肤色是什么样的。

《世界捐助指数》报告显示，2016 年，澳洲是捐款给基金会和慈善机构第三多的国家（该比例和往年持平）。我浏览过的一个网站指出，在过去的 12 个月中，有 80% 的澳洲人无偿捐款给慈善机构或非营利性组织。澳洲政府称澳洲人每年给予公益事业的捐助约为 4 亿澳元，如若没有这些志愿者组织的话，政府本身的效率会降低。澳大利亚志愿组织 2015 年的报告指出，36.2% 的澳洲人在正式场合以某种形式参与了志愿工作。还有很多并不是在正式场合进行的志愿工作，比如打扫了当地野餐区域或河流的社区团体，因此澳洲人参与志愿工作的实际比例可能超过 40%。

参考儒家传统……

他们流着和我们不一样的血，因此他们在本质上和我们肯定不同。

中国人是优越的，优越感源于我们的文化优势。

早期中国人眼中的蛮夷形象

摘自澳大利亚国家博物馆

为纪念 1911 年辛亥革命，清朝（满族）的象征——龙旗被墨尔本领事馆用十二角星民国国旗所替代。在澳洲出生的华裔威廉·刘是领馆的口译员，他负责降下满族旗帜并悬挂新的共和主义旗帜。

这场革命引发了当时澳洲华人群体的不同反应。尽管很多人为清朝的灭亡而欢欣鼓舞，并放大量烟花来庆祝，但更为保守的华人群体在悉尼组织了一场龙旗游行，以示他们对君主王朝的支持。

摘自墨尔本澳华历史博物馆

中国音乐在 19 世纪 50 年代由淘金人带到澳洲。粤剧是音乐和娱乐的主要来源，也是中国矿工精神教育的重要食粮。它提供了一个社会交际和自我表现的重要场所，中国戏曲会出现在赌博场所，偶尔也会在节日庆典和慈善场合中进行表演。

第一届唐人街小姐选美大赛于 1961 年在墨尔本举行。

他们来过——来到澳洲的早期中国移民

梅光达，来自中国的英雄和绅士

以下有关梅光达的故事是我写的故事，内容是基于大量的剪报，其中许多信息来源在参考文献中一一列出。

梅光达于 1850 年出生于中国广东省新宁（今台山市）。他的父亲是一位有名望的商人，这表明他出身于中产阶级。在那个时候，似乎没有人发现他天资聪颖，而且极具个性。我敢肯定他的父亲后来一定为他骄傲。

小梅光达在 9 岁的时候离开父亲和家人，跟随叔父来到澳大利亚新南威尔士州的金矿区工作。

这些中国人不远万里来到这片遥远的大陆，来到这样一个和他们的祖国文化截然不同的地方，这样的事迹足以令人惊叹（参考后续内容中王彩的故事），大多数人来这儿是为了赚钱并把钱寄回给家乡的亲人。他们凭借着冒险和无私的精神来养家糊口，也带着对这片新奇的大陆的不确定性。他们怀揣着对于传统文化的爱，但他们还会再回到故乡并见到亲人吗？ 9 岁的梅光达带着为数不多的家当横跨大洋的时候会想什么呢？他或许比同行的大部分人的年纪都要小，但却表现得信心十足并且还有些厚脸皮，而在内心深处，也会为远离家人，来到一片完全陌生的土地而难过吧。

墨尔本澳华历史博物馆中的梅光达像

澳大利亚总理

陆克文（Kevin Rudd）担任过两次澳大利亚总理（自 2007 年 12 月到 2010 年 6 月，以及 2010 年 6 月到 2013 年 9 月）。他普通话流利，所有的国事访问、对于中国的讨论或是去中国的个人访问都是用普通话进行交流的。

澳大利亚前任总理马尔科姆·特恩布尔（Malcolm Turnbull）的家人也有中国血统。

梅光达，成功的商人，站在他名下的一家茶室外（图片由悉尼市和澳大利亚祖谱学会提供 PR6-26-14）

刚抵澳的时候，梅光达对英语一窍不通。但据报道，仅几年后，他就能充当澳洲人和中国人的翻译了。这表明他天资聪慧并且善于捕捉商机，是天生做生意的料。

那段时光一定是令人兴奋同时也是艰辛的，但年轻的梅光达到18岁时就已经很富裕了。抵达澳洲以后，他住在从苏格兰来的珀西·辛普森夫妻家中。辛普森一家拥有采矿用地，这就是光达工作和学习做生意的地方。有人以为，年轻的梅光达因努力工作而受到了辛普森一家人的喜爱，工作之余，辛普森太太资助他读书并培养他成为一名绅士。我想知道为什么被选上的是他？还是说富有同情心的辛普森太太只是想要尽可能地多帮助一些人？当然了，他一定是个聪明进取的学生。一方面，他接受教育并阅读了很多文学名著，另一方面，他阅历丰富，有和流氓、小偷、醉汉、诗人和来自世界各地受过教育的人生活接触的经验——从很小的时候他就已经有这些经验了。

18岁时，梅光达靠投资金矿赚了大钱（可能是他从辛普森先生那里现学现卖来的）。他雇佣了约200名中国和欧洲工人，继续通过金矿积累财富。同时，作为一个“有钱又有闲”的绅士，他还参与了诸如板球和足球这样的体育运动。很明显，他在这方面做得也很好，而且可能是澳洲第一个参与这两项运动的中国人。我们可以把梅光达视作一个有国际视野的人，他当时的衣着服装很现代，既受到中国传统文化的影响，又被他选择的家，也就是欧洲的文化所塑造——但是他被两方都接受并爱戴。

当他第一次回中国时（众所周知，梅光达多次返回中国），除了探望家人，他还扩展了自己的业务，与经营龙山茶园的兄弟成为了合伙人。在回到悉尼以后，梅光达开始经营茶叶和丝绸生意。不久以后，他有了很多茶馆。他的下一次冒险则是制作酒精饮料，这些饮料也在他的茶馆里出售。

1871 年，梅光达入籍成为了一名澳洲人，并且在 1886 年 8 月 30 日，与一位年轻的英语学校老师玛格丽特 · 斯卡利特成婚，她是农场主乔治 · 斯卡利特的女儿。这让一直在中国忙于为他挑选合适伴侣的梅光达母亲大为不满。那时候的梅光达已经非常西化，他坚信一位能干的欧洲太太比起中国太太能更好地匹配他个人和事业上的需求。

然而不满的不仅仅是梅光达的母亲，玛格丽特的父亲，乔治 · 斯卡利特也同样不满。他苏格兰人骨子里的固执从未消退过，他拒绝出席婚礼，并且几乎和他的女儿断绝关系。当他去世后，玛格丽特是唯一一个没有被写在其遗嘱上的人。不仅如此，报道称，对于梅光达和玛格丽特的孩子而言，乔治也不是个好外祖父，并且一直和他们保持距离。这很遗憾，因为孙辈是祖父生命中最伟大的馈赠之一（我有五个孙辈，所以我能理解），而一个充满爱心且有趣的祖父也是孩子们可以拥有的最好的礼物。

和梅光达在一起需要很大的勇气，如传记作者埃罗尔 · J. 利–斯卡利特（Errol J. Lea-Scarlett）留下的记录所示：玛格丽特非常清楚自己的父亲无法容忍跨种族婚姻，但她在各个方面都支持着梅光达，她是个既聪明又伟大的灵魂伴侣。即使父亲疏远了自己，她对先生的支持也从未动摇。

梅光达永远不会忘记早年来澳时努力谋生的艰辛，他经历过的贫穷和困苦的日子更是数不胜数，正是因为这样，他力所能及地帮助生活中的每一位斗士。几十份剪报报道了他慷慨解囊的善举，他的大部分资助都给予了中国同胞。除了对同胞的资助之外，他还做了很多慈善事业，包括对澳洲的原住民，他对这群流离失所的人们的慷慨举动也被报纸记录了下来。我相信他把澳洲原住民们视为一个能够创造很多价值却被立法所欺凌的群体。梅光达是最先将原住民称为这片大陆的“最初所有者”的人——这个词被原住民广泛接受。

梅光达个人最大的贡献是资助了贝尔河的一所公立学校。这是一所跨教派的教会学校。在他运营的那些金矿区里，中欧矿工之间的关系相对融洽，主要是因为他的积极影响。他很聪明，也受双方的尊敬，还调解了很多问题。伴随着他财富的增长以及对社会的善意的传递，他的名气也越来越大。报纸报道说：“梅光达如州长一样知名，并在各个阶层中受到同等欢迎。”

《中国人在澳洲的经历——第3~5阶段简要概述》（*The Chinese Experience in Australia—A Brief Outline for Stage 3－5*）这一记载中提到：“他于1889年底在国王大街上开了一家新店铺（一间茶楼），而当时主持开幕式的人正是约翰·罗伯逊爵士[①]。国王大街的茶楼在楼上有一间阅览室，而且在随后的几年中，这一建筑成为该市著名的议事和聚会场所。”那是他最豪华的茶楼，有大理石喷泉和鱼池，金色的鲤鱼悠闲地在水里游来游去，取悦宾客。据信，该茶楼雇佣了差不

① 译者注：前澳洲政治家及新南威尔士州州长。

多50人。后来到了1898年，时任悉尼市市长马修·哈里斯为梅光达在维多利亚女王大厦里开设的新茶楼“Elite Hall”正式揭幕。

悉尼新闻显示，梅光达在自己名为“疾驰之屋”的住所里雇佣了至少三位仆从：一个保姆、一个负责客厅的女佣和一个园艺师。

梅光达对悉尼的社会风貌和政治也有先进的想法。他的茶楼是悉尼第一次女性参政权会议的举办地，他还为员工设计了全新的、更符合员工利益的雇佣政策，比如带薪病假。他是华人社区的发言人，拥护在澳华人应有的权利，并且还是悉尼第一个华人商业协会的创始人之一，协会名为联义堂。

如之前所述，他领头反对鸦片贸易和澳洲鸦片的进口，以及在华人社区吸食鸦片的行为。

鸦片

可能是由于寂寞，或者易上瘾，很多中国工人沉迷于吸食鸦片。当时鸦片在殖民地是合法的，因此被人们大量购买，有中国人的地方都涌现出了鸦片窝点。很多人因吸毒成性毁掉了自己的生活。这进一步让欧洲矿工对中国人感到不满，因为一些欧洲人也沉迷于此。

反鸦片运动因此开展，同时，人们还设立了组织（类似于反酒精运动）来教导和支持鸦片零消费。1883年，梅光达向政府提交了一份含有4000人签名的请愿书，此举有效地发起了要求禁止鸦片进口的改革运动。

女性参政权论者

该运动的最初目标之一是在澳洲实现男女平等。该组织在19世纪后期开始在政治和社会层面被法律承认，并且在赋予女性“投票权”方面带来了国际性的影响。

1883 年，梅光达前往新南威尔士州南部的华人营地进行调查，想要减少人们吸食鸦片的情况。

梅光达在 1894 年回到中国后，被授予了“四品军功牌”。他对祖国的爱从未消失，而且看起来似乎祖国对他的爱也从未减少。

不幸的是，1902 年 8 月 19 日的晚上，几名歹徒在他的办公室里用铁棍残忍地殴打了他，并从他身上抢走了约 20 英镑现金。这在当时是很大一笔钱。这起凶案震惊了全悉尼。歹徒名为弗里德里克・德甘，被称为“愚蠢的暴徒”，事后他被判 12 年监禁，警方的声明很简单，他们选择相信这是一次普通的抢劫致伤案。然而很多人认为这起殴打是西方人或有妒忌心理的中国商人安排的——真相究竟是什么，我们永远不得而知。

梅光达经过治疗看似已经痊愈，但 11 个月后还是因胸膜炎发作不幸逝世，享年 53 岁。他被殴打以后虚弱的身体状态可能导致了他的死亡。他的葬礼在 1903 年 7 月 29 日举行，规模隆重，堪比国葬，有 200 名中国人组成送葬队伍护送他的灵柩，从其在阿什菲尔德的豪宅走向火车站，他们专门租了一辆火车来存放他铿亮的橡木灵柩。火车的一整节车厢被用于装载诸多用于吊唁的花束。

成千上万的白人和华人，在火车沿线一字排开以示最后的敬意。梅光达身着清朝四品官员的朝服落葬。在墓地，有 1500 名民众聚集在一起同他告别。

约瑟夫・贝斯特牧师主持了葬礼仪式。但是，部分的仪式是由另一位谭姓牧师通过中文主持的。

葬礼在许多报纸上都有报道。比如，《广告人报》写道：“很少有

梅光达肖像，1880 年——新南威尔士州州立图书馆（图片来自维基共享资源）

梅光达纪念碑（图片由安妮塔·龙友情提供）

山姆·普真实存在过的痕迹（图片由黛安·西蒙兹授予许可，www.mudgeehistory.com.au）

人被如此广为人知或被如此尊敬，他的名字在这整片大陆上家喻户晓……”

城市里的商人，尤其是华商，以停业一天的方式表达敬意。市内多处也降半旗致哀。梅光达的遗孀玛格丽特收到了包括时任新南威尔士州州长亨利·罗森爵士，前新南威尔士州州长威廉·莱姆爵士和澳大利亚第一任总理埃德蒙·巴顿爵士的吊唁。

梅光达身上有很多值得钦佩的地方，但是最值得钦佩的是什么呢？是他的睿智？他的商业头脑？他的慷慨和对弱者的帮助？还是他在澳洲历史上占有一席之地的能力？他是一个政治家，也是一个白手起家的百万富翁；他是一个有家庭的人，也是一个有精神追求的人；他成了澳洲人，热爱澳洲土地和这个国家的人，他支持原住民；他也从未遗忘自己的中国血统和祖先生活过的土地。

如今，没有多少人还记得梅光达，但对于任何一个从中国来澳洲的年轻人来说，他都是一个楷模。

由于他备受人们的尊敬和爱戴，他所居住的阿什菲尔德区的居民在 1998 年为他竖立了一座雕像。这是一个安置在砂岩基座上的半身铜像，由西区华人出资设立。

他的子女和后人

梅光达有两个儿子和四个女儿，最小的孩子在他去世前几个月刚刚出生。他们分别是：维内（1887 年出生）、汉丽埃塔（也叫伊蒂，1890 年出生）、亚瑟（1892 年出生）、玛吉（1897 年出生）、弗洛伦斯（1898 年出生）和乔治·亨利·布鲁斯（1903 年出生）。

品茶仪式（图片来自维基百科常用图片库）

品茶仪式（图片来自 Pixabay）

会馆（社交俱乐部）

在过去，会馆为很多孤独的中国工人和移民提供了慰藉。他们来澳洲只是为了一个原因——挣钱寄回家（中国依然是他们的家）。会馆为他们提供了社交的场合和获得国内消息的渠道。除此以外，会馆还做了很多事，例如，为他人筹资以帮助他们回国与家人团聚，或者集资照顾老年人或患病的人。他们也会在中国遭遇自然灾害的时候集资并寄回国内。

对于很多人来说，会馆是他们生活中很重要的一部分。同时，会馆也是传承中国文化，在中国节日举办活动的主要地点。会馆还提供教育项目，以便让孩子传承中国文化和习俗。

现在，会馆的重要性没那么高了，因为很多在澳华人认为中国在习俗、文化和传统方面有强大的影响力，而澳洲才是他们的家。不过，会馆在华人社区中仍然扮演着重要的角色。

悉尼有很多唐人街。我刚说到的帕迪集市临近市区，被大家认为是最大最棒的唐人街，但其实所有的唐人街都很奇特、有趣。在唐人街外，德信街的入口北侧伫立着雕刻精美的石狮，大部分人在入门时只是瞟了一眼，然而就像很多中国传统一样，石狮摆放的位置是有一定讲究的。建造的时候还特意从中国请了风水师来考察集市的位置和周边区域，从而获得有利的气运。现在的唐人街吸引了来自世界各地的顾客和游客，而在早期可不是这样的。以前那里的鸦片窝点和赌坊给这片区域带来了一种负面的感觉，在那时没有人说英语——这就是唐人街。

现在的唐人街是由早期中国移民建立的——天气不好的时候，树下的锡棚和商铺看上去摇摇欲坠。

起初，唐人街只有一条允许行人通行的街道和一家店面。

在 20 世纪六七十年代，各个市镇议会想要确保非正式的贸易区域能遵守标准的法律法规。这并不是唯一的原因。议会想要支持华人社区，让商人和居民都能拥有自己的区域。更重要的是，议会清楚这么做会让旅游业受益，而旅游业又会为该地区和议会带来收益。

然而，在当时，很多华人社区对议会的目的持谨慎态度。他们认为这会是一种控制，或者是为了让唐人街像动物园一样，白人可以来这里看中国人是什么样子的。华人想要被视为普通的澳洲人，仅此

悉尼唐人街的入口

而已。而如今，所有这些顾虑都已消除。

现在，当你穿过唐人街的时候，依然会看到很多年轻的中国人前来光顾。这些年轻人中的大部分是在澳洲学习的中国学生。他们来这里买衣服，做头发，以及寻觅在大部分商店里都买不到的中国制造的产品，当然啦，还有美食！

悉尼唐人街的石狮

悉尼有个叫做埃平（Epping）的地方。这是一个中产阶级郊区，有很多的便利设施。在过去的 20 年间，有很多中国人在该郊区定居，它现在被称为 e-ping（意味来自东方的人 Eastern people 住在 Epping）。

在澳洲过中国新年

就像世界上所有的华人社区一样，在澳大利亚的华人也会庆祝中国新年。但是有一个明显的区别，在中国，新年一般是在寒冷的冬天，而在澳大利亚，新年一般是在炎热的夏天。除了季节以外，所有的传统和文化都是差不多的。很多住在澳洲的中国人在这个吉祥如意的时刻会回国和家人团聚，尤其是留学生。

同他们在中国的家人一样，在澳华人把新年视作一个重要的时刻，一个代表家人团圆的时刻，有好吃的，有游行，有龙，有鞭炮和烟火声，你能听到很多的声音，人们的喊叫声、鼓声、口哨声都穿插在一起，十分有趣。澳洲的中国新年同样缤纷多彩，到处都是张灯结彩，喜庆的红色装饰和设计精美的传统服饰，当然还有龙。祝福好运的信息，无论是口头的还是手写的，都充满着希望和趣味。我不太确定有多少华人孩子知道年兽，不过所有人都乐在其中。

不同的地方是，澳洲华人不会像在中国那样虔诚地向祖先鞠躬或行跪拜礼。食物方面，尤其是午饭，是很传统的（也就是说，一位经验丰富的家庭成员会以传统的方式烹饪午餐）。还有，据我所知，人们依然会许下关于丰收、财富、健康和家庭方面的心愿。

中国家庭一般是由祖母辈和年长的家庭成员来尽力传承这种文化和传统。这一做法适用于所有的中国文化和传统——年长的人尽

本迪戈的金矿吸引了很多寻求财富的中国人。即使到了现在，依然有一些活跃的采矿公司和个人在河流和地下淘到了少量的黄金（既是为了娱乐也是为了财富）。当砂金都开采完之后，约两千名中国人留了下来并成为备受尊敬的澳洲公民。今天，该地区有一个繁荣的华人社区。华人从事各种职业，经办各种业务，并广受爱戴。

金龙博物馆和观音庙都设立在本迪戈。出于展示和保护龙的原因，金龙博物馆设立在本迪戈的唐人街，于1990年开放。

博物馆对其中展出的两条布龙提出了一些主张。1892年，华人社区从位于中国珠江流域的佛山市购买了一条长60米的布龙。它有5只爪子（象征着皇权），需要46个人共同抬腿，还需要5个人扛着沉甸甸的龙头。这条布龙据说是现存最古老的一种龙。然而，由于布龙逐渐变得陈旧，1970年，它的地位被新龙取代，新龙有100米长而且被称为是现存体型最大的龙。要舞龙的话，需要一个人抬龙头（29公斤），3个人抬脖子，52个人抬身体，还有一个人抬尾巴。它有6千块龙鳞，9万个小镜子和4万颗珠子。新龙由第四代和第五代华人精心照料，他们大多数是本迪戈华人协会的成员，其祖先曾到过本迪戈的金矿区。

博物馆的一位志愿者告诉我，原本新龙是最长的，但墨尔本的华人购买了一条更大的龙。因此，本迪戈社区的新龙长度有所增加，以保持其体型最大的地位。

龙（约1892年）（图片由本迪戈金龙博物馆友情提供）

新龙（图片由本迪戈金龙博物馆友情提供）

最大努力让年轻人参与其中。孩子们一宿不睡，以欢迎新年的到来。过了午夜，鞭炮声不绝于耳，燃后的爆竹纸铺满了大街小巷。

家庭结构

澳洲华裔家庭的结构各不相同，有时（对于新移民而言）几代人会住在一个房子里。这种情况发生在早年间，但自 20 世纪 80 年代以来已不那么多见了。华裔家庭效仿其他澳洲家庭，年轻的家庭成员从大家庭中搬出来，独立生活。他们似乎通过强大的赚钱能力提升了独立性，可以负担起自己的独立选择。有时候年长的父母可能会与他们的子女或子孙一起生活，但这通常是因为年迈父母的伴侣过世了。

以上内容基于我做的一次访谈对话。

1871年，本迪戈的华人社区想要参与本迪戈复活节的活动，并希望代表整个华人社区。在当地中国企业和中国社会团体的帮助下，他们特意从中国做了300箱传统服饰。显然，这些服饰在近100年的100个节日，以及其他庆典场合中都可以用到。

她年纪大了，说不好具体几岁。她的牙齿都快掉没了，只剩下了一两颗，如同在人烟稀少的墓地里孤零零地立着的墓碑。她带着孙子孙女们去上学，她的背弯了，但还能稍微动一动，以缓解她年轻时因工作落下的背痛。但是，她的笑容还在，眼中还有光，当她看到孩子们的时候，她那饱经风霜、布满褶皱的脸庞顿时明亮了起来。

她的衣服旧了，但还算干净，熨得很平整，衣着更接近传统服饰。自1987年从老家来到这里以后，她就没再从事农活，现在在为儿子和儿媳耶娜照看房子和孙子。她看上去很快乐。为什么不快乐呢？她和儿子以及心爱的孙子们生活在一起，耶娜也很贴心，很尊重她。

她包办了家里所有的做饭、洗刷和清洁工作，即使她不会说英语（她自来到澳洲后从未有时间学习英语），仍负责了大部分的日常采买。生活很忙碌，但她应付得来。她还有时间在路上和钟老先生说说话，还能和熊太太坐下来喝杯茶。

让她感到快乐的是她自发扮演的延续文化、饮食、传统、尊重的角色——这些都是她的工作。他们生活在一片新大陆上，情况完全不同，但是中国人的生活方式仍将继续，必须继续。她的儿子和耶娜有时会忘记这一点，她会善意地提醒他们一下。

当她带着孩子们从学校走回家时，她用方言和他们交流，脸上总是带着笑意。孩子们像鸟儿一样喋喋不休，每每听到奶奶说了什么就咯咯地笑。

以上故事可以是任意一个成千上万在澳华人祖母的故事，她们照料着一个个的多代家庭。

在澳洲的中国犯罪团伙

这本书是关于澳洲华人的，因此我只讲述在此活跃的三合会，不谈论其他形式的有组织犯罪。澳大利亚是公认的富裕国家，聚集了来自许多不同国家的犯罪集团和团伙。

在我看来，在澳洲活跃的中国犯罪团伙并不比其他有组织的犯罪团伙更大或更小，更好或更糟。所有这些犯罪团伙都是阴险的，并通过毒品、卖淫，甚至儿童卖淫，现代奴隶制、性奴、洗钱、信用卡欺诈等手段来利用人性的弱点并实施犯罪。

以下信息来自澳洲政府网站 https：//aph.gov.au/。

澳洲执法机关关注着中国人所涉嫌的一系列有组织犯罪案件，包括毒品进口和分销、非法赌博、非法卖淫、勒索、非法移民和洗钱。据信中国团伙在复杂的信用卡欺诈案件中非常活跃。似乎并没有确凿的证据表明这些案件是由中国犯罪团伙、街头帮派引发的，这很难确定，因为很多媒体报道仅仅提到“亚洲”犯罪团伙。

……海洛因抵达澳洲。新南威尔士州犯罪委员会的报道这样写道：“大量的进口毒品主要来源于中国和东南亚。”澳洲执法机关认为，中国犯罪团伙已经存在很多年了，而且仍然会是进口海洛因到澳洲的主要团体……一份援引官方发言的报道称，在过去的两个财政年中，每次重大查获的海洛因都和中国人有关系……表明海洛因向澳洲进口是有组织的，并由有组织的中国犯罪团伙操控……在小额犯罪的供应层中发现中国人的情况是不太多见的……这是因为中国犯罪团伙的大部分进口工作都是为了向其他非中国团伙提供分销网络。中国人经营的主要是海洛因批发业务，几乎没有证据表明他们进一步参与了海洛因的下游分销……现代三合会的历史可以追溯到17世纪在中国成立，以推翻清朝宗室并恢复明朝统治为目的的秘密政治团体……到了今天，三合会仍然是一个极度隐秘和封闭的犯罪组织。

中国逃犯

中国政府已经开始大规模地打击有组织犯罪。这项倡议扩大到了澳洲，一些来自中国的犯罪组织在此活动。过去，中澳两国政府一直在引渡中国罪犯方面共同合作。很多罪犯被中国政府或中国企业以欺诈和贪污的罪名通缉。

中澳两国正在讨论签署一项条约，将中国罪犯从澳洲正式引渡回中国。

胡玉兴就是其中一名涉案罪犯。根据中国媒体报道，胡玉兴来

中国的三合会一直与致命毒品的制作和分销有关系，这使得澳洲的年轻人在“冰毒盛行”的大潮中渐渐堕落。该毒品容易致瘾并会严重降低大脑的功能。一旦大脑受损，其功能将再也没有办法恢复。

自山西省太原市，曾任太原市住房制度改革办公室兼资金管理中心主任。报道说，他管理着数十亿人民币的社会住房开发资金。然而，中国政府声称，已有数亿资金被胡挪用为个人投资，等值约 7100 万澳元，因此中国政府想要审问胡玉兴。

《太原日报》称胡玉兴可以通过自己的人脉“呼风唤雨”，并暗示他是一条“害虫”。该报道还说：“胡玉兴卷款潜逃到澳大利亚（珀斯），给国家和集体造成严重经济损失。”

***

中澳执法机关之间的合作在几起中国国民涉嫌在澳洲进行大型毒品交易的案件中取得了成功。除此以外，《澳大利亚人报》的一篇文章说道：“在一些案例中，犯罪嫌疑人把澳洲当作转移中国非法资金的避风港，而这些资金又被注入澳洲的房地产市场。”时任澳洲外交部长朱莉亚·毕晓普（Julie Bishop）说：“澳大利亚将会成为没有引渡条约的中国罪犯的避风港。”

有一些知名的中国罪犯在澳大利亚被拘留或引渡。其中一个涉嫌的罪犯就是齐光国（音），新南威尔士州执法部门认为他是一个名为“大圈仔”的亚洲犯罪集团的领导人。

根据新州警方的说法，“大圈仔”涉嫌勒索、卖淫、信用卡欺诈、暴力和毒品进口。“大圈仔”是在新州活动的犯罪集团中最具影响力的帮派之一，并与三合会有渊源。

报道还指出，齐光国的七名同案犯现在正在监狱中。齐光国来自中国广州，持有6个月的学生签证，而且从那之后就一直待在这里，这显然是违法的。在过去的20年中，齐光国一直设法避免因逾期滞留和涉黑而被定罪。但是，他目前正处于拘留中，并有可能被驱逐出境。

澳洲华裔——竞技体育之光

在前文中，我们谈到了澳洲华裔的才智、医学造诣、勇气和决心——现在让我们把目光转向体育领域。当下我们讨论体育的时候，很难把大型企业如何促进体育运动的发展以及从中赚钱这些话题排除在外。澳洲华裔和竞技体育的羁绊也同样如此。体育产业是一个利润丰厚的市场，中国的大品牌一直在赞助澳洲的队伍以提高它们的品牌知名度，比如华为。另一方面，以企业方式经营的澳洲大型体育俱乐部，并希望将其品牌和比赛推广到庞大的中国市场。

积极的一面是，企业间的商业合作和体育交流确实使两国之间的关系更加紧密了。如果没有资金的支持，这将是不可能的。

2017 年，第一届中澳体育峰会在上海举行。时任澳大利亚体育部长格雷格 · 亨特（Greg Hunt）表示："政府认可体育的力量，体育可以充当促进两国联系和贸易往来的桥梁。"

出席峰会的有很多体育界的精英代表以及一些大型的中国公司，例如 GEMBA 集团[①]、博普乐思（Populous）[②]和澳洲商会。

中澳双方签署了一项协议，旨在推动两国在体育科学领域的交流与合作。

---

① 译者注：世界领先的体育及娱乐管理咨询公司。

② 译者注：专业规划设计体育设施、会议中心及重大专门设施的建筑公司。

澳大利亚政府在《外交事务常务委员会》(*Standing Committees on Foreign Affairs*)的第十六章说:"我们需要了解中国，我们需要研究它，而不仅仅把它当作一个地理位置接近并有大额交易的超级大国。与中国的关系不仅是基于利益的合作。我们必须了解中国人，以便建立信任、尊重和透明的关系，而且双方都要这么做。通过文化和体育进行交流，是一种增进理解和认知并使人们团结在一起的非常有效的方法。它可以给经济和政治关系带来利益。"

澳大利亚政府认识到，体育和文化都是促进更广泛的双边关系的一种方法。

足球

在足球领域，中澳之间的合作越来越多。比如，澳大利亚球星蒂姆·卡希尔(Tim Cahill)曾为上海绿地申花足球俱乐部效力。申花的球迷喜爱卡希尔，因此卡希尔在中国的"澳洲宣传大使"角色扮演得非常好。但是，当卡希尔在 2015 年亚洲杯澳大利亚 2∶0 战胜中国的比赛中打入两球时，中国球迷的心情多半是五味杂陈的。卡希尔在上海申花对阵广州恒大的比赛中被撞破了鼻梁骨，当时还被解说员嘲笑了。我不确定这是不是真的好笑，但是，在这种情况下笑出来似乎并不妥当。我们澳洲人会立即为球员遭受的疼痛和痛苦道歉，对他的遭遇报以同情——尽管他自己可能没有意识到这一点。

中国足球一直在进步，与澳大利亚的合作也起到了助推作用。中国的球星受邀为澳大利亚俱乐部效力，同时，澳大利亚也为中国的球童提供培训。

篮球

两国的篮球队在国际层面有了更多的接触。事实上，为了让双方在篮球领域共同进步，澳大利亚篮联与华人投资的澳大利亚金星国际投资公司签署了一项合作协议。

澳式足球（简称 Aussie Rules 或 AFL）

澳式足球在澳洲非常受欢迎，有些比赛能吸引到 10 万现场观众，更别提坐在电视前的观众有多少了。澳式足球联盟成立了一个学院并赞助了华南澳式足球联盟。它还赞助了一支中国国家澳式足球队，第一场比赛有 7 千名观众，就连时任澳洲总理马尔科姆·特恩布尔也观看了这场比赛。现在中国很多城镇都有业余俱乐部。球员们热爱比赛但是他们并没有太多粉丝，也许还需要点时间。

在澳洲，很多华人喜欢澳式足球比赛，因此有了澳式足球的中文评论员和中文网站。澳式足球一直在帮助中国移民适应“澳式”的生活方式。淘金热时期的报纸报道说，澳洲华人热衷于澳式足球。1899 年，在墨尔本圣文森特医院的一场慈善义赛中，出现了第一支参加澳式足球比赛的中国球队。每年至少有 8 万中国游客乘坐旅游大巴来到巴拉腊特（大金山）的金矿区参观游览，他们会踏上那片球场为当年那次比赛致意。现在，这已经成为澳大利亚体育史的一部分了。

1903 年，澳洲华裔约翰·兴（音）身上发生了这么一件事，因对方球员对自己的中国背景发表种族歧视言论，约翰·兴将其暴打了一通。

越来越多的澳洲华裔参与了中国联赛和在澳华人联赛。即便是白澳政策也没有阻止中国人参加比赛，这体现了他们的决心。

板球

参考澳式足球的规则，板球运动也在进行类似的计划，中国的板球运动员希望获得2019年板球世界杯的参赛资格。中国球员通常会通过赞助的方式加入澳洲的俱乐部。中国的体育官员称板球为“高贵的运动”，并计划扩大其在中国的知名度。他们想要与其他参与板球的亚洲国家一较高下。十年前，第一批中国板球裁判员接受了培训，他们现在不断获得在中小学和大学吹罚比赛的资格认证。

英式橄榄球

中国军人青睐橄榄球运动，

《卫报》(*The Guardian*)的一篇报道(2015年3月)很好地描述了淘金热发生的地点和时间。

巴拉腊特被文化断层所分割(当然这是个比喻，因为大部分人在金矿区的地下谋生)。英国人和广东人，扑克的洗牌声和麻将的咔嗒声，威士忌和米酒，鸦片和烟草，孔子和耶稣……这一天他们因伟大的维多利亚女王时代的澳式足球而团结在一起，这将是属于在澳华人的第一次澳式足球比赛。

在深圳的澳洲冲浪救生员

作为中澳理事会资助计划中的一部分，澳大利亚冲浪救生协会与深圳冲浪协会合作，为深圳地区的本地志愿救生员提供培训项目。

而且在入伍期间经常比赛。他们参加奥运会七人制橄榄球比赛。

网球

越来越多的澳洲网球比赛选择在中国举办。

2014 年，轰动中国的网球运动员李娜夺得了澳大利亚网球公开赛的女单冠军。

在墨尔本的决赛中击败了多米尼卡·齐布尔科娃（Dominika Cibulkova）之后，李娜在人群的簇拥下满心欢喜。我很喜欢她在夺冠后发表的感言。在感谢过团队以后，她接着说："谢谢我的经纪人麦克斯，让我变得更富有了，非常感谢。"

然后她面向在观众席上的丈夫说："我的丈夫，现在你在中国也出名了。"伴随着的是观众的笑声。"感谢他放弃了一切，跟着我去各地参赛，当我的陪练，帮我准备补给，帮我修球拍……真的很感谢，你是个很好的人，同时，你也很幸运。"笑声更多了。

澳大利亚人把李娜看作是自己的一员，她是一位优秀的中国大使。

游泳

澳洲教练在帮助中国顶尖游泳选手摘得包括奥运会在内的国际比赛金牌方面取得了巨大成功。

郭晋航（音）——1935 年的一位中国游泳运动员。一个鲜为人知的事实是，尽管当时他在澳洲泳坛引起了轰动，但在中国却不为人知。

1935 年，郭晋航来到澳洲并参加了在墨尔本举办的澳洲国家和维多利亚州 100 周年纪念锦标赛，他在比赛中两次摘得蛙泳冠军。郭晋航是第一位来到澳洲比赛的中国泳将。

郭晋航的成功在当时的澳洲引起了媒体的广泛关注——但在中国却没那么多报道，因为那时的中国正全力抵抗日本帝国主义的侵略。

其他体育项目

在中国广受欢迎的诸如羽毛球、乒乓球和武术等运动，在澳洲同样很受欢迎，而且澳洲这类项目的排名也在不断提高。目前澳洲在世界舞台上的表现还不够好，但是未来差距会被不断缩小。

我不确定是否可以将不同形式的气功，比如太极拳，视为一项运动。但肯定的是，气功在这里确实挺流行，各个年龄段的人们都喜欢这项运动。我自己在过去的二十多年里一直在练一种名为“圣真”的功。

在澳洲，更多的华人打起了高尔夫球，可能是由于他们在中国负担不起，或没有那么多时间。高尔夫成为了一项具有商业意义的社交运动，因为在球场上通常容易达成业务。

体育毫无疑问拉近了国家与国家之间的距离，促进了文化交流，我很高兴看到两国之间的文化和体育交流日益增多。

艺　术

社会、文化和艺术（摘自 Dfat. com. gov. au）

澳洲与中国的联系是由我们的社区通过教育、文化和艺术联系所引导的，同时也会通过移民和旅游来引导。澳洲和中国的家庭、机构和社会网络正在迅速发展，这进一步促进了国家和人民之间的相互了解。

澳中理事会的目标是通过艺术和文化向中国观众展示澳洲的艺术和创意产业，并建立更紧密、更广泛的文化和艺术合作伙伴关系（参考 2015 年 8 月 1 日 http：//cccsydney.org 的内容）。

入围阿奇博尔德奖决赛的中国选手作品回顾展

阿奇博尔德奖（Archibald Prize）是一项年度评选最佳肖像画的奖项，“由居住在澳大拉西亚[①]的艺术家创作，肖像绘画的对象是艺术、文学、科学或政治领域的杰出人物”。

这次独一无二的展览旨在祝贺中国艺术家在阿奇博尔德奖中所取得的成就。

在过去的 20 年中，有 23 幅澳洲华裔画家的作品因其卓越的表

① 译者注：指澳大利亚、新西兰和邻近的太平洋岛屿。

澳大利亚华夏文化艺术传播中心（ACCCA）是一家专注于中国文化和表演艺术娱乐演出的国际公司。

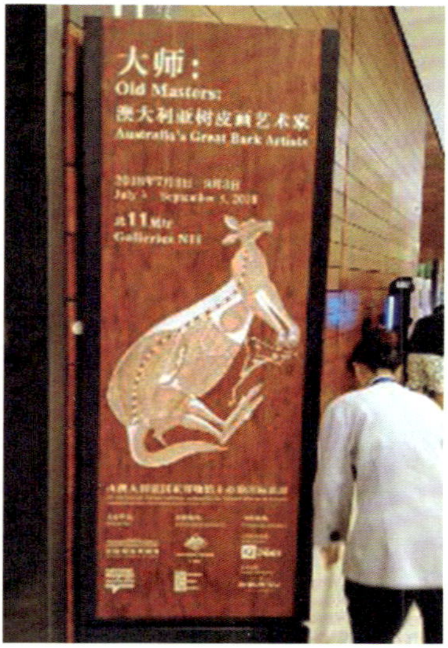

我们的目标

澳大利亚华夏文化艺术传播中心的主要目标是向澳洲的主流社区介绍优秀的中国文化和表演艺术，并为当地的华人社区提供顶尖娱乐活动。

澳大利亚华夏文化艺术传播中心将努力促进中国文化与其他先进文化的结合，并提升其在世界文化市场中的地位。

澳大利亚华夏文化艺术传播中心还将努力把优秀的澳洲表演艺术家和音乐团队引入中国进行表演和文化交流。

我们的愿景

创造力，精神力，艺术性！

现获得了高度赞扬。他们中的许多人入围了备受赞誉的阿奇博尔德奖决赛，其中有些画家获得了观众选择奖。其他人则在由豪力律师事务所（Holding Redlich）冠名的落选沙龙展中获得观众选择奖。

阿奇博尔德奖被认为是澳洲最重要的肖像画奖项，并在国际上享有很高的声誉。展览着重介绍了艺术家对澳洲多元文化的活力的贡献，旨在激发中澳艺术家之间的思想交流和互相理解。

“中国艺术家独特的风格和对于澳洲文化的观点，为澳洲艺术界增添了无价的元素，为澳洲的多元文化社会作出了重大贡献。”新南威尔士州美术馆前馆长埃德蒙·卡彭（Edmund Capon）在他的文章中表示：“……受益于众多来自中国和澳洲本土艺术家的共同交流合作，西方肖像画传统的文化和艺术视野被不断拓宽，大大超出人们的预期。”

沈嘉蔚于1948年出生于上海，他不仅在中国和澳洲是一位出名的画家，而且在全球都享有盛誉。在1989年到达澳洲之前，他因刻画有关中国劳动人民的宣传画而受到中国政府的欢迎。他最出名的作品，大概是在1974年创作的《为我们伟大祖国站岗》。这幅作品不仅深受中国政府和人民的欢迎，还曾在纽约的古根海姆博物馆展出。中国美术馆和中国国家博物馆也展出过他的作品。

沈嘉蔚的作品获得了澳大利亚和世界各地的奖项和褒奖，在国际上也受到好评。他几乎是自学成才的。后来，他以完整但多样的方法和主题创作了大型历史绘画。他继续创作出各种主题的名作，但有一段时间沉醉于肖像画，绘制了许多名人肖像，包括丹麦公主玛丽、前澳大利亚总理约翰·霍华德（John Howard）等等。

沈先生的夫人王兰也是一名画家和雕塑家。

李存信

以下我写的一些内容摘自李存信的自传《最后的舞者》(*Mao's Last Dancer*)(维京出版社出版的一本好书),以及各种网站、报纸文章和公共信息资源。李存信在很多国家都是超级巨星,因此关于他和他的芭蕾舞表演的信息非常多。

12 岁时,李存信摆脱了一贫如洗的生活,但当时他对舞蹈和任何艺术都不感兴趣或不曾了解——他怎么会感兴趣呢?在他、他父母和其他兄弟姐妹的脑海中一直以活下去为信念。没有足够的食物和饮水,在山东省冬天零下 15 摄氏度的气温下,没有鞋子,只有很少的燃料来取暖,生存下来几乎是一件不可能的事。然而,年轻的李存信却被选中到北京舞蹈学院学习芭蕾舞,去争夺一个“终极大奖”。11 岁那年,他对面临的改变命运的机遇一无所知,但是他的胆识和直觉告诉他要倾尽全力抓住机会,他的才智、天赋和魄力则帮助他如愿以偿。

李存信这样写道:“和所有农民一样,我家庭的收入也取决于天气和运气。有一年发生了严重干旱,所有人一整年都一无所获。尽管我们一贫如洗,我们的父母总是教导我们要有尊严,有自尊心并讲诚信。”

北京舞蹈学院内的管理体系更像是为古代战士设计的,李存信的身体和思想几乎摇摇欲坠,最后被迫服从。但他内心深处仍有一束微弱的光芒。这是第三年了,很难知道这束光芒是他对舞蹈的热爱还是他的舞蹈天赋。对芭蕾舞的热爱是否培养并激发了这种天赋，还是随着天赋的显现，他对芭蕾的热爱增多了？可能两者相辅相成吧。在该学院的一万小时甚至更久的练习时间和学费，对他来说可能已经无关痛痒了，但可以肯定的是，这只年轻的天鹅是从丑小鸭蜕变而来的。在舞蹈学院，他敢于尝试。正是在那里，他实现了成为世界最优秀的舞蹈家之一的心愿。

是命运选中了这个家中一贫如洗、看似没有能力和才识的孩子吗？命运可以如此宏伟，在管控之下被如此精心地安排吗？还是在万亿分之一的概率下，他在对的时间出现在了对的地方？从书中的内容来看，似乎是偏向命运这一说，因为他是青岛地区选拔过程中最后一个入围的，几乎就像是“行，就让这孩子试试看吧”。然后，就像一块被掩埋许久的金子在被不断冲刷后焕发出光芒一样，农民出身的李存信勉强通过了每一轮的选拔，而且每次似乎都展现不了什么才艺。直到他在学院的第三年，他的一位老师才察觉到他身上的潜能，并进一步引导他。也许正如他母亲说的那样：“有位神明正庇护着你，指引你去探索你的人生。”

他爱上了一位芭蕾舞领舞，玛丽·麦肯德里。玛丽是澳洲人，因此在休斯敦芭蕾舞团工作了16年以后，李存信带着他的家人搬到了澳大利亚墨尔本，与澳大利亚芭蕾舞团一起演出，并担任主演。后来，他成为了昆士兰芭蕾舞团的艺术总监，并成功帮助舞团于多年后竖立起口碑。

我最喜欢的是他身上毫不掩饰的平易近人和同情心，就像潮汐一般，悄悄地影响着他的亲人（6个兄弟）、邻居以及后来随着他知名度上升前来追随他的人们。另一件让我佩服的事情是他对祖国和人民的热爱。或许他本人已离开祖国，但他心中的祖国从未离开。现在，他的孩子们很可能继续保持着两国间的联系，因为他们都会说中文。

他获得的一些荣誉

李存信参加过三次国际芭蕾舞比赛，获得了两块银牌和一块铜牌。

他在2013年被评为昆士兰州年度澳大利亚人，后来又遗憾地以微弱劣势与年度澳大利亚人的殊荣擦肩而过。

他写了一本畅销书——《最后的舞者》。

1979年，当他在北京表演时，5亿中国观众收看了中国中央电视台的实况转播。

他受邀在全球诸多重要场合登台表演。

来自皇家芭蕾舞团的首席舞蹈家利安娜·本杰明在上述书籍的致辞部分这样写道："任何拥有强烈意愿，想要取得伟大成就的人都应该读一下这本书。"

他于2009年被评为澳大利亚年度父亲。

如果上述荣誉还不够的话，昆士兰州博物馆以他的名字命名了一种最近才发现的蜘蛛品种。显然，这种蜘蛛在交配时会"跳"起优美的舞蹈。

然而，他的故事还没有结束，离开舞台18年以后，李存信过了这么久才重新登台进行最后一次演出。他再一次挑战身体的极限，也因此导致拉伤，但是这一回，他已不再拥有一副年轻的、像芦苇一般可以弯曲自如的身体了。这是一副略显老迈的身躯，骨头和腰椎随着年龄的增长逐渐僵硬、迟钝，而且演出对于韧带和肌肉也是一次突破极限的考验。

当我写到这里的时候，我们还没有等到李存信的返场演出，但我和数以百万计的人们一样翘首以待。

但他现在是谁呢？澳洲人，中国人还是美国人？也许他是所有人中最好的那个。

关于这个传奇人物的最后一点——李存信在北京学舞时的老师们这么对他说：“你让中国芭蕾舞界感到骄傲。”

承认来澳中国游客的价值

澳大利亚联邦政府以及各州政府均承认中国游客的价值。因此，他们设立了中文标志以方便游客出行。这些标志在火车站、汽车站以及各大旅游景点都能看到。

以下是一些中文标志的样子。

澳洲的中文标志

在澳洲驾车的中国游客

在过去的几年中，澳洲媒体对于中国游客的不良或危险驾驶行为进行了大量报道，几乎每隔几周就会报道一次类似事故。甚至在晚宴上也经常会有关于中国游客驾驶方面的讨论——而且似乎只有游客有不良驾驶行为，并不涉及在澳洲居住的中国人。

有一天我和一个朋友聊天，她告诉我，她第二天必须要去汽修店修车子一侧的后视镜。上周日傍晚，她驾车行驶在一条交通繁忙的乡村道路上，忽然后方的一辆车加速想要超过她，那辆车距离她很近很近，以至于把她车子一侧的后视镜都撞掉了。起初我的朋友震惊得不知所措，回过神来后，她愤怒地踩下油门想赶上那辆车。当那辆车的司机加速超过其他车时，我的朋友也紧随其后。这种情况一直持续了大约 15 分钟，直到最后那位离谱的司机停下来查看为什么我朋友的车一直对他闪灯鸣笛。当我朋友把车停在那辆车后面时，另一辆车也紧接着停在她车后。后车的车上装有行车记录仪，记录了事件最初的画面。因为车主觉得自己的录像可以帮助还原事情的经过，所以他也跟着赶了上来。

当前面的人从租赁的车里走出来时，很明显可以看出他们是中国游客。其中一个乘客会讲一点英语，就一点点。当我朋友给他们看她的后视镜时，他们都惊呆了（原谅我不能理解他们怎会不知道这是一篇大约 150 年前的文章。《阿格斯报》在 1861 年 11 月 15 日这样写道：

从克雷斯维克的通信中我们获悉，上周二当卡索曼（维多利亚州的一座城市）的一辆载着中国人的马车在克雷斯维克一条小河上的桥上转弯时，车夫竟让马儿在河堤上奔跑，从而导致马车翻车。两位乘客严重受伤——一人手臂骨折，另一人腿部骨折。如通信中所说，按照中国车夫几乎每天在此地驾驶马车的方式来看，他们是非常无能的一批人，不值得乘客托付生命。

看来中国人在这里的开局并不好。

但是，我不禁想到自己在中国开车的时候，驾驶座在汽车的左侧（澳洲的驾驶座在车子的右侧），如果我在北京或上海开车，我也一样会弄反道路的方向。我有次开车过马路的时候差点被撞，我以为迎面而来的车子应该在另一条道上，然而它从那条路上直接朝我开了过来。所以那些在澳洲的中国游客也一样容易开错方向。

致非中国读者

在北京，有很多人等着开车上路，但是道路已经很拥堵了，还伴随着污染。为了限制路上的汽车数量，政府做了这么一件事情，每 3000 人中会有 1 个幸运儿能给车上牌（摇号）。

自己做了什么）。我朋友走过去看他们车子的后视镜，也一样被撞坏了。中国游客表示非常抱歉并且愿尽力提供帮助——司机把手伸向自己的口袋，拿出了一大把澳币，塞到我朋友手上作为赔款。但是我朋友不是很乐意接受赔款，因为她觉得这种事情应该通过正规的车辆保险来解决，因此并没有接受现金。中国游客承认了他的责任过错，他不得不这么做，毕竟事故都被录像记录了下来。

当我开始写上面这段话时，我已经听说过很多关于中国游客不良驾驶的故事。我对此有这样一个理论，在中国的很多城市，由于交通拥挤的缘故，人们鲜有在宽阔道路或高速公路上驾车行驶的经验。因此，当他们在澳洲开车时，他们几乎是在现场“学习”。

但我的确注意到有一篇文章说，北京政府部门认识到城市里存在很多不良驾车行为，已着手试图更好地教育驾驶员，不仅是为了更安全地驾驶，同时也是为了文明驾驶。

另一篇文章提到在国际层面，澳洲的驾驶员被认为是品行不好的驾驶员，比如说在使用转向指示灯的时候他们很懒惰，他们的很多驾驶行为似乎是懒散的、马虎的。我对在澳华人并无异议，他们在这里待了一段时间了，水平和其他的司机一样好。有一篇文章提出过一个建议，在中国游客到澳洲开车之前，让他们完成一个能够证明驾驶能力的测试。这可能是个好主意，但是在我看来，这可能是一种更加官僚主义的方式，以便从国际游客身上赚更多的钱。

我读过的另一篇有关中国的英文报道中指出，在北京授予的驾驶执照中，有很大一部分是在最近 10 年内颁发的。这意味着中国有很多新手司机。文章继续说，10 年前，汽车的普及程度不如现在，因此，随着中国汽车数量的爆炸式增长，也出现了新牌照数量的爆炸式增长。在澳洲，众所周知，大部分涉及交通事故的是经验不足的年轻司机。因此，成为一个合格的司机需要在路上开上一段时间。

我曾见过的最糟糕的司机是南非的出租车司机。他们在经过红绿灯时会猛冲过去以免多等一个红灯，或者快速超过一些开得比较慢的车，然而他们根本没有想过，在经过人行道时可能会撞到行人。我曾住在南非多年，因此我很清楚这种危险的驾车方式，也见过在路上被撞坏的车子。我记得曾经读过一篇文章，一辆出租车因刹车失灵，汽车未能正常减速而撞死了一名行人。经过调查发现，司机在车内插入了硬纸板来代替磨损的刹车片。毕竟，硬纸板比正常的刹车片便宜。

在澳洲的中国投资

澳洲华人一直是澳洲商业的一个组成部分。在澳洲的中国投资来源于两方面：澳洲国内的华人和来自中国公司和中国内地的大量个人投资，在过去的三十年里尤其如此。但是，随着澳洲在中国大量开展业务，双方的合作也越来越多，如以下报道所示。

在2015年7月17日，新闻网站http：//www.news.com.au宣布了一项澳洲与中国的新贸易协定，标志着两国的新未来的开始。“我们今天签署的前所未有的协定，不仅会促进两国之间的贸易，更将增加双方的投资，”艾伯特先生（时任澳洲总理）说，“这将使我们的国家变得更好，使我们的地区变得更好，使我们的世界变得更好。”

这一历史性的贸易协定意味着澳洲牛肉和葡萄酒可以更容易地出口至中国。他说协议不仅是投资，也是两国之间日益增长的信任。“我们的投资证明了中国对我们的信任。”艾伯特先生说。协定将让中国消费者买到更便宜的产品，比如澳洲牛肉、奶制品、葡萄酒、精品威士忌、海参、蛋白石甚至鹿茸，这些产品的关税最多可减少95%。

此外，澳洲是中国发起的亚洲基础设施投资银行（AIIB）倡议的成员国，该倡议旨在支持亚太地区的建设。该银行于2016年12月25日起正式开始运营。

《中国商贩》(*The Chinese Hawker*)，木版画，创作于约 1873 年。1985 年 7 月 29 日，收藏于澳华历史博物馆

2018 年 1 月，移民小企业报告显示，80% 的澳洲移民开始自己做生意。这表明移民对澳洲做出了巨大的贡献——目前有 140 万人就业，他们显著地提高了澳洲年青一代的水平。报告称创办自己企业的移民几乎涵盖了所有国籍。

我有一个 4 岁半的孙女，当她听说我要去中国时，她问："爷爷，当你从'中国制造'回来时，你会来看我吗？"

中国从澳洲购买的葡萄酒比从其他任何国家买的都要多。

根据 News.com.au（2018 年 1 月）的消息，澳洲是仅次于美国的第二大受中国买家欢迎的离岸投资目的地。

《南华早报》2018 年 4 月 19 日的报道：

亚洲基础设施投资银行是一家由中国牵头的国际金融机构，是中国“一带一路”计划中的一部分，旨在为基础设施项目提供资金，重点是加强亚洲、中东、非洲和欧洲之间的联系。一些政府官员和分析人士表示，新兴经济体对国际货币基金组织的决策系统的改革失败感到越来越不满，这促使中国设立了拥有 57 个参与国的新型国际贷款人。

我把亚洲基础设施投资银行视为世界银行急需的竞争者，在我看来，虽然它经常达不到宣言中的高度。不过，与任何常设组织的竞争对地球上的所有人都有好处。

长久以来一直都是这样。

摘自澳大利亚国家博物馆

中国商人在悉尼、墨尔本和许多乡村小镇都建立了利润丰厚的香蕉市场，其中一些商人通过在斐济建立香蕉种植园，扩大了自己的企业规模。这些中国商人因其出色的商业意识和诚信口碑而受到欧洲社区的高度评价。三个这么做的商人是悉尼的梅光达、刘光明和墨尔本的路易斯・安慕仪（音）。直到第一次世界大战前，中国商人一直主导着香蕉市场。时至今日，他们仍然占据了近 10% 的香蕉贸易。

依然摘自澳大利亚国家博物馆

1900—1914 年间，澳洲东部有一大批中国人是初级的生产者。

中国人的诚实

在 19 世纪 70 年代，中国商人孙彤利在新南威尔士州中部的《广告人报》上两次刊登广告。第一次是他捡到一个装有现金的钱包。孙彤利在广告中称若 14 天内无人申领，他将会把钱包交给加尔贡医院的财务主管。

第二次是在 1873 年，他又捡到了一个钱包。钱包的主人给他写了一封感谢信：我想说我从孙彤利手中收到了他捡到的钱包，即我的钱包，钱包里一共有 36 英镑 5 先令。抱歉给他带来了麻烦。（签名）G. R. 布朗，加尔贡。

那时候的 36 英镑 5 先令是一笔巨款，差不多相当于现在的两万澳元。

马应彪出生于 1864 年，来自广东中山。在 18 岁的时候，他坐船来到澳洲并在悉尼创办了永生有限公司。尽管业务经营得很好，他还是想要回中国。回国以后，他创立了先施有限公司——据信是中国第一家百货商店。公司取得了成功并且在上海、广州、新加坡和南宁都有分支。

商品菜园集中在悉尼、墨尔本、凯恩斯和珀斯等城市及其周边地区。1901 年，新南威尔士州有 799 名中国店主，其中一半以上在悉尼地区运营商店，他们通常是蔬菜水果商。中国的商品菜园为经营者提供了丰厚的回报，作为对他们的辛勤劳作和积累了数千年的知识的肯定。

Nomchong 家族是新州布雷德伍德市（靠近堪培拉）的一个机构。一百年以来，家族成员经营着非常成功的杂货业务，服务当地社区和周边地区。

中澳邮轮航线

1914 年是可怕的一年，当时第一次世界大战正打得如火如荼。但是，这也给那些有远见的人提供了机遇。因为所有澳洲人和欧洲人（以及当时的敌人，德国人）都在欧洲进行战事，从澳洲到中国香港的航线出现了船只短缺的情况。然而，日本是一个在这条路线上有航线的国家，在没有竞争的情况下，他们认为有必要提高关税。

悉尼中国贸易商会的一行人，包括威廉·刘（音），南平（音），威廉·高森（音）和托马斯帮助建立了中澳之间的邮轮航线。

然而对于商会来说，这条航线并不是“一帆风顺”的。他们购买的两艘船很快被澳洲政府征用于战事。此后，他们还遇到了很多困难，比如无法筹集到足够资金，以及在战争结束后，原先服务于该航线的邮轮重新运营，因而竞争变得更加激烈。

大约 1947 年，在澳华人的数量大幅下降，从约 29000 人降至 6000 人。但是，那些留在澳洲的人看到了巨大的机遇并开拓了各种

郭标1868年生于中国广东中山，曾在永生有限公司担任要职，并因此在澳洲和中国成为了一名有影响力的商界富翁。他于1883年离开中国，前往新南威尔士州。起初他是一个上门推销员——试想一下这份工作对于一个刚学会英语不久，说得也不够流利的人来说会有多困难？之后，他换了工作，成为悉尼的一名农产品商人。

随着时间的推移，他以乔治·标的名字逐渐成名。1896年，乔治在悉尼的华人长老会教堂迎娶了达令·杨。杨是一位伯克商人的女儿。

渐渐地，永生有限公司的经营范围从普通农产品扩大到果蔬产品。郭标的供应商是新州北部、昆士兰州和太平洋地区的华人菜农。公司扩大了规模，并很快掌控了澳洲大部分的香蕉批发市场。

郭标成为了一名有影响力的中国商业领袖。他曾参与过的一次风险投资，使他于1917年成为中澳邮轮航线的主要投资人之一。

郭标一直是在澳华人商贸领域的倡导人，并积极担任华人商家防卫协会的副主席。该协会的成立是为了对抗“白澳政策”下商家的政治宣传和信息缺失。他还参与了在悉尼创建《中华民国新闻报》的工作。该报在澳洲全国，乃至南太平洋，中国香港和中国内地广泛传播。

郭标于1917年返回中国并在上海与家人共同创办了永安百货中心。该百货中心成为中国规模最大的商场之一。

之后，他于1920年进入了“钱”途无量的银行业，然后是制造业，他甚至成为中国政府造币厂的主任。

郭标于1932年离世。

威廉·约瑟夫·卢姆·刘（刘光福）于1893年出生在澳洲，他的父亲是中国人，母亲是英国人。威廉在7岁的时候去了中国广东省台山市他父亲的村庄，在那里住了8年。

在归来完成学业后，他从事了各种工作（他貌似是为了培养自己担任要职的能力），之后加入永生有限公司，并在管理团队中工作了30多年。他同时也是开辟中澳邮轮航线团队的

（待续）

形式的业务。他们还建立了像四邑会馆之类的组织，以支持华人和华人社区。这些组织都是公益性质的，经常向家乡同胞提供帮助。四邑会馆依然存在，而且是澳洲现存最久的组织之一，在整个维多利亚州的主要城市都有分会。

如上所述，澳洲境内的土地所有权可能是澳洲经济的重要考虑因素，越来越多的国际买家前来争夺澳洲市场。这些国际买家主要来自中国。

在国外买地主要有两个目的。一是为了收购农业用地，因为投资者想要利用国外的土地为本国人提供源源不断的食物；二是为了进行内城区房地产的重大投资。

在澳洲，有些人反对中国成为澳洲土地的主要买家，还称他们会把土地买光。因此，澳洲政府要求提交一份境内国外买家土地所有权的报告。结果报告显示，中国投资者在购买澳洲土地的人群中所占比例很小，而且在土地持有量中排在英国、美国、荷兰和新加坡之后。澳洲税务局统计的报告发布后，很快反映出中国联营企业仅持有总土地面积的0.4%，占外国持有资产的2.8%，那些宣称中国买家占主导地位的排外心理不攻自破。

但是，中国公司确实在众多农业企业中持有大量股份，并且一直在寻求更多。中国公司还积极购买澳洲主要城市内城区的房产。

此外，中国是澳洲最大的增长中的贸易国，并且很可能在未来的很多年都是如此。这意味着我们两国之间在社会和商业方面的联系也会继续增强。

（续上文）

一名成员，在彼时担任总经理。

刘光福在 1916 年与梅贝尔·廷奎（音）结婚。

刘光福在悉尼加入了国民党，担任党部英文秘书，并于 1921 年在广州谒见时任非常大总统的孙中山先生。此外，作为新南威尔士州中国商会的副主席，他极力游说澳洲政府于 1935 年委派一名贸易委员前往上海就职。

作为日本帝国主义的坚决反对者，刘光福在 1931 年编写了《中国与满洲问题》一书，谴责了田中义一递交给昭和天皇的奏折。当 1932 年日本人入侵时，他正居住在上海。他冒着生命危险担任十九陆军的地下情报员。

第二次世界大战期间，刘先生不遗余力地游说澳洲政府为华人社区筹集资金。同时他也支持澳洲的原住民群体。

1981 年，英国女王伊丽莎白二世授予刘光福官佐勋章（简称 OBE），以表彰他在公众领域的杰出奉献。

2017 年 3 月发布的数据显示，房地产依然是中国百万富翁的热门投资项目。在新南威尔士州和维多利亚州，中国资本几乎占据了海外购房需求的 80%。

尽管下列内容发表的时间已超过 5 年，但它反映了中国和中国商人进入国际市场的财政实力。

瑞士信贷研究所发布的《2013 年全球财富报告》显示，在未来 5 年内，中国将占据新兴经济体财富增长的近 5%。城市化和城市经济群的战略规划为其发展提供了支持。很多中国城市的国内生产总值高于世界上的一些国家。——摘自多丽丝·奈斯比特（Doris Naisbitt）和约翰·奈斯比特（John Naisbitt）的著作《大变革》（*The Global Game Change*）

中国对于澳洲的贡献

如何衡量一个国家的移民对于另一个国家的贡献？当然，投资贡献很重要，但是我们稍后再来讨论。对我来说，最重要的贡献是由社会学家（通过调查文化和社会群体来研究社会和社会行为的专家）来衡量的。尽管这本书是别人建议我写的，但这实际上是一本有关在澳华人如何影响澳洲社会的汇编——我相信当你读完这本书以后，你对此会有很好的理解，你会看到中国人在帮助建设这个美好国度方面做出的贡献。这种贡献是怎么衡量的呢？是以他们的艺术吗？还是诱惑着我们的味蕾，挑逗着我们的胃液，令人垂涎欲滴的中国菜？

现在，回到投资贡献方面。经济学家有各种各样的工具可以衡量特定人群对于经济的贡献。有些人可能会衡量直接投资，而另一些人可能会衡量澳洲华人为澳洲经济带来的效益。事实证明，澳洲华人是杰出的企业家，而且如前几页所述，相当高比例的中国人在这里创办了他们自己的公司。他们的进出口业务使澳洲经济受益。

当然，这个国家过去受到的投资影响或许根本无法与目前以及未来来自中国大陆的投资影响相提并论。后者将会如何塑造澳洲呢？

尽管澳大利亚已经被誉为世界上最成功的多民族国家——人权

摘自澳中理事会网站

澳中理事会和新南威尔士州澳中商务理事会是新项目的合作伙伴，以进一步扩大澳洲和中国的食品安全为目标展开合作。食品安全将是本世纪最重要的问题之一。澳洲和中国在农业和食品安全项目上的合作有着可观的往绩。两国间有很多机会可以通过共同研究、双向投资和商业化来增加合作。“中澳食品安全倡议”旨在成为澳洲和中国研究人员、机构和农业综合企业之间合作和信息交流的领先平台。项目的主要内容之一是成立一个集共同农业研究、商业化项目以及澳洲农业技术的综合数据库。

知之为知之，不知为不知，是知也。

——孔子

谁真正发现了澳洲？

1770年，英国皇家海军的詹姆斯·库克（James Cook）船长被认为是发现澳大利亚的第一人。当他抵岸下船后，他将英国国旗牢牢地插在了这片大陆上。尽管库克可能声称澳洲是英国人发现的，但众所周知，他并不是第一个抵达澳洲大陆的人。澳洲一家知名报社《世纪报》（*The Age*）在2002年11月25日刊登了标题为“官方证实郑将军比库克早发现澳洲”的文章。文章说道，有关15世纪中国海军上将郑和和他庞大的9个师的海军船队率先抵达澳洲的说法，一直存在很多学术争论。有人说他比库克早来了350年。

郑和来澳洲考察的主要原因是出口矿物，为此，他们在澳洲建立了营地。然而，派遣郑和下西洋的朱棣被他的儿子朱高炽推翻，朱高炽上位后下令不得再对该区域进行考察。于是，此事也就不了了之了。

现今，关于谁首先发现澳洲的争论仍在继续，想象一下，如果朱高炽没有阻止考察——那会发生什么呢？中国人会对这片土地作出怎样的贡献？

（待续）

委员会于 2018 年 4 月 11 日宣布，虽然大约 25% 的人口没有在澳洲出生，但有 3% 的人成为了澳洲公司的高级首席执行官。那么，关于这个国家根深蒂固的思想该怎么说呢？人权委员会继续说，我们的平等主义理念并不像应有的那么强大，我们距离成为一个成功的多元文化国家的目标还有很长的路要走。我们的目标应是在各大商业领导机构中建立更多的文化多样性。

人体大约是由 50 万亿个细胞组成的，所有细胞都有助于整体的健康。任何研究人员都没法说那个人的性格如此是因为有甲乙丙丁细胞。解剖澳洲就和这个道理一样，澳洲人的性格和澳洲文化的独特性是本国集体文化的结合。

以下是一些对澳洲文化有重大影响的中国移民的传记。

比尔·阿志（Bill O’Chee）因打破惯例而成名。他成为澳洲议员的时候只有 24 岁，是第一位拥有中国血统的澳洲联邦参议员。他的父亲威廉出生于中国，而他的祖父刘奥志（音）于 20 世纪 30 年代和威廉一起来到澳洲。后来，刘奥志的名字被出入境官员误写成了阿志。尽管威廉热爱他的祖国，但仍然禁止比尔说粤语，并强迫他说英语。比尔的英文说得非常流利、地道，他赢得了一次学校间的公开演讲比赛，并在年仅 21 岁的时候就参加了世界辩论锦标赛。

作为一个年轻人，比尔对政治很感兴趣并且成为了澳大利亚青年国家党的一位成员。

他获得了奖学金，得以去英国接受中学教育。此后，他进入牛津大学法律系（法律理论和哲理），并于 1987 年获得荣誉文学学士学位。作为参议员，比尔在许多方面都有涉足并取得了一定的成就，

儿，并在一年后迎来了世界上第一例试管婴儿三胞胎的诞生，从而创造了历史。

2012年，陈教授向昆士兰大学捐款1050万澳元，用于深入他的研究。这笔巨款是该大学收到过的最高额的个人捐款之一。

雷天得大道

CS·李（CS Li）是一名澳籍华裔科学家。李博士在1965年研究了一种控制稻米寄生虫形式的方法——一种具有世界影响力的方法。

亚力克·方廉（Alec Fong Lim）是第一位当选达尔文市市长的华裔。当时是1984年。

珍妮·纪（Jenny Kee）是一位时装设计师和艺术家。她也会绘画。她的设计和艺术常常受到澳洲灌木的启发，并被充满活力的色彩所填满。珍妮于1947年出生于悉尼的邦迪海滩。她的父亲是中国人，跟随家人于19世纪50年代的淘金热时期来到澳洲，而她的母亲来自英国并带有意大利血统。读书期间，她不得不学着自我保护，因为她的长相和其他所有的孩子都不一样，但珍妮觉得这样的经历使她变得更坚强。这同时也表明了她为自己和她的混血背景感到自豪。

带着对时尚的创造力和热爱，珍妮在悉尼学习时装设计。不久之后，“所谓的”专家告诉她，她的设计充满活力，但是色彩过于浓郁，无法适应澳洲保守的市场……或者说她不应该设计她正在穿的衣服——就像那些早期的种族评论一样，这些言论并没有让珍妮放缓脚步。为了学到更多知识，珍妮去了充满活力的英国，一个后来成为流行音乐和时尚中心的国家。伦敦让珍妮受益颇丰，她年轻，富有创造力并且充满天分，因此被广为人知。不久以后，她就融入了“正确的”圈子，见到了各种各样才华横溢的人，她甚至见到了披头士乐队的成员。一份报道说：“伦敦改变了她的生活，它时尚狂放，充满创新，珍妮十分喜欢。”七年时光呼啸而过，她想要回到澳洲。她充满自信，经验丰富，凭借那股创造力，她想要在悉尼大显身手——她也确实做到了。不久后，她开设了一家成功的服装店，取名为“火烈鸟公园”。她的设计是典型的澳洲风格，利用了澳洲灌木的鲜艳色彩。她主要把注意力集中在针织品和纺织品上，很快，她设计的套衫就销往澳洲各地。珍妮嫁给了一位名叫迈克尔·拉姆斯登的艺术家，两人生了一个女儿，名叫格蕾丝，他们一家搬去了悉尼蓝山地区，在那里她可以和丛林更亲密地接触。她喜欢树木、丛林里的花朵（尤其是特洛皮[①]）和动物。她后来成为了一名热忱的环境保护主义者。

珍妮是著名的格兰维尔火车线脱轨撞桥事件的亲历者——这改变了她的生活。她和她的女儿格蕾丝幸运地活了下来，但是其他乘

① 译者注：一种澳洲独有的灌木花卉。

客并没有那么好运。在治疗期间，同时也作为一种恢复方式，她开始为她深爱的澳洲动物和植物作画。其中许多创作都画在丝绸上，并出现在《意大利时尚》(*Italian Vogue*)杂志中。有些创作被巴黎的香奈儿品牌采用，《时尚》(*Vogue*)杂志称珍妮为国民时尚偶像，甚至连戴安娜王妃也穿过她设计的服饰。珍妮的衣服、面料和设计现已成为澳洲时尚设计历史的一部分。珍妮·纪于2012年6月6日不幸去世，享年65岁。据信她从未从火车脱轨的阴影和惊吓中完全恢复过来。

尚不清楚珍妮是否曾造访过中国，但众所周知，她信仰佛教。

克劳迪亚·克雷姆(Claudia Cream)是20世纪80年代初期第一位被南澳大利亚州最高法院承认的澳洲华裔。

雷扬名(Russell Jack)在维多利亚州的本迪戈创立了金龙博物馆。博物馆的网站提供了如下信息：金龙博物馆是“澳洲的中国文化中心”。博物馆于1991年开放，用于记录、阐释和保存在澳洲的中国文化。

作为一个热爱生活的人，雷扬名从事过很多工作，如锅炉制造工，他还经营过一家中餐馆。

澳大利亚墨尔本在1956年举办了奥运会。雷扬名有幸手举奥运火炬穿过他的家乡本迪戈。44年后，他在2000年悉尼奥运会举办期间再次担任了火炬手。他因对本迪戈华人社区以及金龙博物馆做出的贡献而获得无数奖项，其中包括澳大利亚勋章和墨尔本社区服务勋章，以及表彰他在多元文化事务方面作出贡献的维多利亚奖。

如上所述，两位著名创作家的作品，龙和新龙都在雷扬名的金龙博物馆中展出。（金龙博物馆的工作人员对本书的研究调查给予了最大限度的帮助。）

海伦·沈（Helen Sham）在 1988 年成为首位在新南威尔士州立法委员会获得席位的女性澳洲华裔。

哈利·陈（Harry Chan）曾经升任北领地立法委员会的主席，这是首位担任这一职位的华人，而且不会是最后一位。

战　争

中国人的参战经历：参议员比尔·阿志发表演讲的议事录（昆士兰州议会参议院）

（参考前文参议员阿志的传记。）

参议员阿志于1994年11月10日，星期四发表演说：

星期五是纪念日，数以百万计的澳洲人在上午11点暂停工作，以纪念所有在战争中失去生命的士兵，我觉得有必要提醒议会和澳洲人民关注一下我们的秘密部队在第一次世界大战中作出的贡献。我所指的秘密部队是澳新军团（澳大利亚和新西兰联合军团1914—1918年）中的一队，他们实际上是华裔人士，而且根据当时的规定，他们从未被允许征招入伍。

必须要记住，在战争爆发之前，澳洲联邦政府在最初几年在某种程度上受到了工会和劳动部门施行“白澳政策”的影响。这是因为政府害怕澳洲会被中国人接管。在这种背景下，当第一次世界大战爆发时，澳洲军队不得不拒绝任何除承担战斗任务以外的新兵，拒绝任何非欧洲血统或背景的人士。乔治·孔蒙（音）先生于1916年1月20日写给《阿格斯报》编辑的信中揭露了这些愚蠢的规定。

“愚蠢的征兵制度”

先生，在响应了总理对征兵的号召之后，我前往墨尔本想要为我的国家出力。我参加了周五第 14 次在墨尔本市政厅招募站的征兵，在将我的姓名、年龄和信仰告诉征兵员以后，我和其他人一起被送到检查室，并被要求脱衣，准备好让医生检查我的身体状况。一位官员测量了我的身高、体重和胸围，然后我被带去见医生。在走到他面前时，我被要求再次穿好衣服，当我询问我是否没有通过体检时，医生说他不会让我入伍。离开招募站时，我收到了一张证书，上面写着“非欧洲血统”，并由医务长 N. J. 杰拉德签名。除了问我来自哪里以外，医务人员没有询问关于我的任何其他信息。

先生，现在我说说自己的情况，供您参考。我的父亲是英国人，出生于马来西亚槟城，于 1854 年抵达澳洲。我的母亲于 1842 年出生于塔斯马尼亚州，而我本人也在 1877 年出生于塔州。我在老维多利亚骑兵步枪团和第八届澳洲轻骑兵团接受了为期 6 年的军事训练。我的兄弟在澳洲第一师团服役并有军士的头衔，他在前线为他的国王和国家奋战，但显然墨尔本市政厅招募站的官员似乎认为我不配为捍卫国家出一份力。总理已经在呼吁所有适龄青年踊跃参军，但是，如果这是土生土长的澳洲人得到的待遇，恐怕这种呼吁并不能起到多大效果。英国和法国认为让有色人种来防卫它们的海岸线是合适的，但伟大的民主国家澳洲却否认自己的国民拥有同等机会。我可能提到我已经二顾墨尔本以求参军为我的国王和国家效力，然而，在支付了所有的旅行开支以后，蒙受如此待遇不会再让任何人有再次参军的热忱。——最真挚的我，乔治·孔蒙·朗伍德，1 月 20 日这项规定不但带有歧视，而且很可笑，想想当时在加利波利、法国和巴勒斯坦战役中与澳洲军队并肩作战的盟军，他们中有意大利人、印度人、毛利人和日本人。尽管有这样的规定，许多华裔还是加入了澳大利亚皇家部队，他们的英勇、果敢，甚至壮烈牺牲都表明了他们是澳新军团传奇的真正缔造者。

虽然永远无法确切统计究竟有多少华裔入伍，部分原因是现在无法确定哪些人是欧亚混血，他们欧洲父亲的身份又是什么，但我还是希望多多讲述这些无畏之人的故事，以永远致敬他们为我们国家的建设所作出的贡献。

战争爆发后应征入伍的其中一人是沈比利（全名为威廉·爱德华·“比利”·沈），1886 年 3 月 2 日出生于昆士兰州的克莱蒙特。他的父亲约翰·沈是中国人，出生于上海。他的母亲玛丽·安·皮尤出生于英国。

这个矮小、皮肤黝黑、留着乌黑山羊胡的小伙子是欧亚混血，但他适应军队的速度可一点都不慢。他的军人编号 355 表明他隶属原特遣队第五轻骑团。到达加利波利的岩石海滩后，他被派往令人望而生畏的奎恩哨所，听命于昆士兰人。为了不让人误以为所有中国人都是带着厚厚的镜片的近视眼，我要说明一下，比利是军队中的神枪手。

作为一个在克莱蒙特周边地区长大的小男孩，据说他能在 22 米以外把小猪的尾巴射下来。因此，他迅速赢得优秀狙击手的美誉也就不足为奇了。在加利波利的那段时间，官方证实他狙杀了 150 多个土耳其军人，据信还有 50 多人未被官方记载。同样也是比利，在与绰号为“可怕的阿布都尔”的土耳其狙击手的对决中获胜。为了表彰他的成就和勇敢，他被授予杰出行为勋章和比利时英勇十字勋章。

遗憾的是，在回到澳洲后，比利未能延续他的好运，在退役后靠淘金勉强维持生活。1943 年，他在布里斯班死于突发性心脏病。尽管他在物质方面可能并不富有，但毫无疑问，比利富有勇气、志气并忠于他的国家。几年前，一家维修店的门前设立了一块铭牌，这家店铺现在被认为是比利过世的地方。

比利不可思议的精准枪法有力地保护了那些在战争期间与他一起浴血奋战的战友们，他们的英勇事迹和壮烈牺牲将被世人永远铭记。

不久后，另一位华裔莱斯利·亨利·邱明（音）与第 23 营一起行动，并在代号为“多角形木材”的战役中赢得了军事勋章。嘉奖令中写道：“在挖掘通信战壕时，他为士兵们竖立了良好的榜样，鼓励他们不惧猛烈的炮火，圆满完成任务。他受伤后也未撤出前线，直至收到命令去操作火箭助推弹。”

莱斯利·邱明备受瞩目，因为他的父亲蔡广隆和母亲路易莎都是澳洲华裔，外祖父是一位名叫金满的当地鞋匠。尽管有这样的背景，由于当地征兵人员的同情心，他得到了入伍并为国征战的机会。

毫无疑问，和莱斯利有着类似经历的还有沃特·全，他出生于维多利亚州的昆德鲁克，父母是詹姆斯·全和艾达·全。沃尔特于 1915 年 9 月 23 日在米卡萨拉入伍，他说自己的职业是矿工。

沃尔特入伍后的健康状况证明中写道，他身高约一米八，胸围

直到第二次世界大战，已有400多名具有中国血统的军人在澳洲武装部队服役。

摘自澳大利亚国家博物馆

从第二次布尔战争（1899—1902年）到最近的维和运动，数以百计的澳洲华裔曾在澳洲军队服役。第二次世界大战期间（1939—1945年），很多具有华人血统的澳洲人加入了澳洲武装部队。据估计，在澳洲军队中服役的华人人数可能超过澳洲的任何其他少数族群。具有中国血统的女性也曾服役。例如，菲利斯·安圭（音）在1940—1945年担任澳洲皇家空军护理部门的护士长，而尤妮斯·钱（音）曾在澳洲陆军通信部工作。

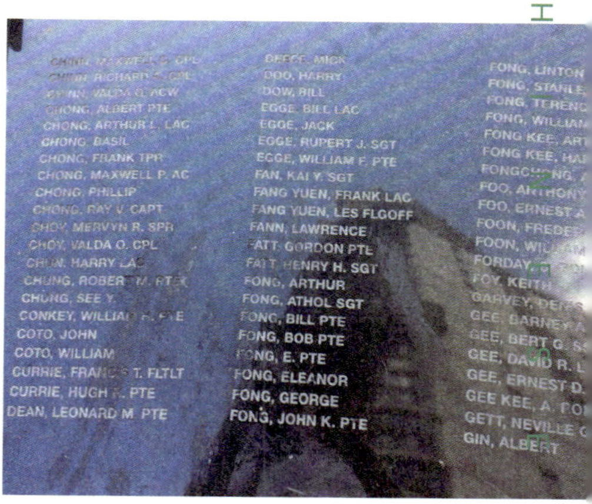

悉尼德信街的华裔军人纪念碑，距离悉尼的唐人街仅一街之隔

托马斯·时（音）是第一个加入澳洲皇家空军的澳洲华裔，他后来逐步晋升为轰炸机指挥官，驾驶远程飞机飞越了大西洋。

悉尼唐人街的牌匾

约一米，皮肤黝黑，深色头发蓝眼睛。我见过很多中国人和欧亚混血，但我从没见过蓝眼睛的。当然，如果沃尔特的健康证明中说他有蓝眼睛，那就有初步证据证明他实际上有欧洲血统。鉴于这种情况，他毫无疑问可以入伍。在接受军事训练后，沃尔特于 1915 年 12 月 17 日被分配到第 16 营的第 13 增援军，并乘船前往神秘的埃及，于 1916 年 2 月 26 日抵达亚历山大港。

到了这个阶段，西部战线迫切需要人手，于是沃尔特被转移到了第 48 营，并于 6 月前往喀里多尼亚地区的马赛。据报道，在波济耶尔周边发生了血腥屠杀，他在 1916 年 8 月 8 日后消失了一个多月，现在和数百澳洲同胞长眠于法国塞尔路的公墓。他获得了 1914—1915 年之星、英国战争勋章和胜利勋章。

战争结束后，澳新军团中幸存的华裔军人回到家开始了新的生活。有些人，例如山姆·唐格（音），由于在部队中接受过训练和教育而发现了新的机遇。

1939 年，战争再次爆发。华裔人士再次投身到战争中，并在各大部队中服役。他们有的像阮雷（音）一样担任战斗机飞行员，有的像廖博（音）一样担任水手，有的做了士兵，还有的甚至像杰克·苏（音）那样加入了精英部队 Z。还有一些人，比如惠灵顿·李，退伍后在政治方面有突出表现。

其他人虽然没有加入陆军、海军或空军，却加入了商船的队伍。据中国海员工会的助理部长，和我祖父来自同一故乡的亚瑟·加洛克·张（音）称，第二次世界大战期间，有多达 2000 名华人在澳洲商船队工作。

我能够归纳整理的内容并不详尽，但这是一个开始。

感谢参议院。我所讲述的这些人的事迹都是有关勇气、忠于澳洲和光宗耀祖的故事。我之所以要讲述这些故事，并不是要把他们抬得比澳新军团中其他的澳洲军人或新西兰军人高，而是想要肯定他们的付出，他们等待这些肯定已经等了太久、太久——以此纪念他们的付出和对这个国家的热爱。

所有华裔都应该对华人社区为澳洲国家建设作出的贡献感到自豪。在纪念日，让我们纪念他们的牺牲，并对他们为我们赢得的自由感到骄傲。

让我们永远铭记。

卡莱布·詹姆斯·商（音）被认为是功绩最多的华裔军人。他曾在第一次世界大战中服役，并在第二次世界大战期间任职于国防部。他出生于1884年，母亲名为简·鲁（音），来自昆士兰州的盖恩达，父亲李·商（音）来自中国广东。卡莱布作为长子在12岁时就辍学了，但这显然没有对他造成什么影响。

在那个年代，有中国血统的人很少被准许入伍，但卡莱布（和他的兄弟）“悄悄地”参了军，并被授予杰出行为勋章，以表彰他在战场上的英勇行为。他还获得了军事勋章，以表彰他在战争中的勇猛果敢。在受伤之前，他是一名狙击手，而狙击手是除间谍以外所有士兵中最容易遭受攻击的。我记得几年前曾读过一本关于南非著名狙击手的书，我从那本书中学到的有关狙击手的知识简直令人难以置信。他们会在敌人出现的前一天埋伏在雪地里，而且必须一整天完全不动地保持同一姿势，不能进食，不能如厕。敌人当然讨厌狙击手，并且会“不惜任何代价”干掉他们。

通常情况下，狙击手在伪装和潜行中行动，通过狙击来“消灭”特定目标，这让他们处于极大的危险之中。到了近代，狙击手更多则是出于监视目的而行动。

如果这样的任务还不够危险的话，卡莱布还志愿成为一名通信兵，通过使用信号灯来发送信息。他要爬到山顶，点亮信号灯传递信息。到了晚上，敌人若看到了闪烁的灯光就会不惜代价干掉发送信号的人。显然，他不是真正的通信兵，但是在战争进行得如火如荼的时候，他找到了一个信号灯并在合适的时机成功发出信号。

他的另一项工作则是信使，要冒着生命危险穿越枪林弹雨、炮火连天的残酷战场。他还需要靠近，甚至深入敌方区域获取情报。

卡莱布一定在澳洲军队中出类拔萃，因为队伍里的亚裔军人为数不多。他应该比其他人要年长，因为他入伍时已经31岁了。

当他被授予杰出行为勋章（他获得的第一枚勋章）时，亚历山大·彼得·伊姆利中校这样写道：

> 这位士兵表现出将危险置之度外的态度，并表现出出色的耐力、冷静的判断力和积极的主动性，他的行为无疑感染了每个与他有过交集的人，让所有的士兵和长官都肃然起敬，对其赞誉有加。

当他得到第二枚勋章时，约翰·盖利布兰德上将写道：

> 我们能明显地从他身上看到勇气、忠于职守，以及曾经提到过

悉尼的华裔军人纪念碑（在后面的另一张图片里，你会注意到同样的形状也被雕刻在角落的石碑上）

人们认为沈比利之所以成为一名神枪手，是因为他在澳洲成长期间曾有狩猎袋鼠的经历。

廖博加入了澳大利亚皇家海军，之后被任命为海军上尉的部长。

在澳华人还通过参与土建工程来提供支援，并在战争中做出了宝贵贡献。其中一项贡献是，约 170 名从悉尼来的华人在布里斯班的美军基地参与建造了登陆驳船。

1938 年抗日战争期间，澳洲通过阻止日本在澳洲投资来支援中国。日本原本想在澳洲购买一座铁矿山开采铁矿并制作成武器来对付中国，但这一请求被澳洲拒绝了。

1943 年，阮雷成为了澳大利亚皇家空军第 83 中队的少校。

的品质。这位士兵一直是这个营的骄傲，这一次，他更是以出色的耐力、勇猛和不畏艰险而不同凡响。他在一项行动开始时，自愿在先头部队执行任务，并一直坚持到进攻发起前，他以步枪迎敌直至他的辖区被炸毁。他在敌人的炮火中回到后方以补充弹药，却被改造成了一名补给员，多次在敌人激烈的炮火下往返前线。他继续携带着弹药到处奔走，之后还手持一杆刘易斯式机关枪自愿留下打掩护，直至同伴们成功转移。他展现了大无畏的精神，是一名勇敢的战士。

之后，雷蒙德·利恩上校在授予他军事勋章时说道：

1918 年 5 月 1 日，他在法国维莱布勒托讷展现出了非凡的勇气和积极性，在敌方重型机枪和狙击手均就位的情况下，对该区域进行了日间侦察，这对我们来说极具价值。他在持续被狙击手瞄准的情况下成功地传达了敌方行动的宝贵信息，并将我们的火力瞄准了敌方军队，致使他们伤亡惨重。在作战期间，他一直承担着这一重要角色，从未懈怠。

当卡莱布休养了好几个月伤愈回到家时，大批群众和众多政要像迎接英雄一样热烈欢迎他的凯旋。

他的妹妹方原（音）称，卡莱布没有谈到战争，当然也没谈到他的勇敢无畏。

遗憾的是，他一直未完全康复，多年来经常往返医院。

卡莱布·詹姆斯·商的照片，经凯恩斯历史学会允许并友情提供

一份经过调查的约400位澳洲华裔军人名单

澳洲华裔军人英雄榜

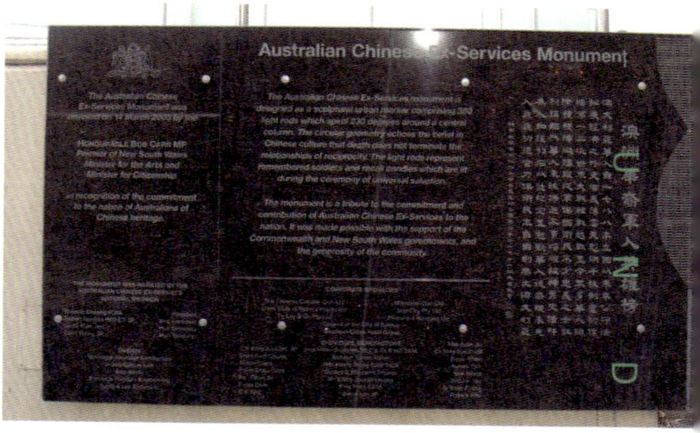

从另一个角度拍摄的澳洲华裔军人英雄榜

澳洲华裔军人纪念碑

这一永久保留的纪念碑表彰了在澳华人对澳洲战时所做的所有努力和贡献，该纪念碑位于悉尼唐人街的入口，德信街和利物浦街的拐角处。

卡莱布·詹姆斯·商去往的第一次世界大战的西方战线：

- 比勒库尔战役
- 梅西讷战役
- 梅嫩路战役
- “多角形木材”战役
- 帕森达勒战役
- 亚眠防卫战
- 亚眠战役

王彩的传奇故事

以下是我以虚构的方式讲述淘金热时期发生的故事。讲这个故事的初衷，是为了让大家对早期赴澳华人的经历有更好的了解。故事始于 19 世纪 50 年代的中国。

在弯腰忙活了好几个小时后，王彩挺直了他的背以便缓解酸疼感。尽管只有 12 岁大，他的大部分童年岁月都是和父亲、弟弟们在田野里度过的。镇上的一些小伙伴都去了学堂，而他的家庭却还在为生计发愁，因此他努力干活。每年这个时候，地上通常都会结冰，在田里劳作变得十分艰辛，因此他们需要更努力地干活。如果无法种出足够多的山药，他们就得挨饿了。家中沿用的耕作方式已经流传了好几代。

听到有人唤他的名字，王彩抬头看到妹妹正向着他和父亲跑来。父亲也担心地向她跑去:“怎么了孩子？”她告诉父亲家里来了两个商人。

“他们想要见父亲和长子。”

父亲知道继续问她商人为何而来也没什么意义，所以把王彩叫了过来。

“来，快来，这可是大事。”

回到家后，他看到两位客人正坐在客厅里的上座。他的母亲给他们沏了茶还端上了少许点心，看得出他们曾试图谢绝好意，但最后还是客随主便地照做了。他们得想方设法地偿还这份心意。

一番客套后，客人开始说正事了。父亲说的不多，但一直在聆听并时不时地点点头。王彩听不懂他们在说什么，他偶尔听到“澳大利亚”这一词。但是，正如本书在前文中所解释的那样，澳大利亚在那个阶段还没有成为一个国家。因此，他们真正讨论的是维多利亚时期的殖民地和大金山。

“王彩，回田里去，我有事要和你母亲商量。”他听话地照做了，当他往回走的时候，心里隐约有种不安的感觉。他知道他的生活即将发生变化，但他不清楚这种变化意味着什么。

当晚他的父母都很安静，晚餐时都若有所思的样子。王彩出于尊敬长辈，什么都没问。晚餐后，父亲让几个孩子都上床睡觉，唯独把王彩留了下来。父亲整整十五分钟没有说一句话。王彩等待着，尽可能耐心地等待着。突然，他的父亲开口了。

“首先，孩子，你要尽到对父母、祖父母以及兄弟姐妹的责任。你会去一个叫做澳大利亚的地方，你会去大金山，我不知道这个地方具体在哪里。你必须赚钱然后寄钱回来，你不是我们家族里第一个走这条路的人，但你必须这么做。”

王彩说：“我很荣幸去做这件事，父亲。”但他的内心却在抗拒：“不，我不能离开你们，我的父母亲、我的祖父母或是我的兄弟姐妹。这里是我的家，我只知道我属于这里，和你们大家在一起。”他知道，这是他作为长子对尊敬的父母和祖父母的义务。他必须恭敬地接受这样的安排。“父亲，我什么时候出发？”

“四天后。”

“但是父亲，我们没有钱，我们要怎么负担去这个叫澳……澳什么的地方的路费？”

“澳大利亚，”他的父亲说，“那两个商人会安排好行程并先垫付路费。他们还会帮你找工作。之后你再还钱给他们。”

王彩沉默了，他的大脑在飞速运转，就像蝗虫在田野里肆虐。他着急地问道：“这个地方在哪里，远吗？我要怎么去呢？”

“这个地方很远很远，我也不是很清楚……你要先坐马车然后再坐船。至于坐船的时间，我不知道要多久。之后还要步行一小段距离，一两天吧。”

“那里的人呢？他们是好人吗，像我们村里的人一样都是好人吗？”

“我，我不知道……他们可能和我们不一样……他们和我们长得不一样，他们皮肤更白，就像腐烂的牛奶一样，鼻子很长，看上去很奇怪。他们的眼睛不像我们有着漂亮的形状……他们可能是……野蛮人……”

“野蛮人……不，父亲。我不……”

“安静点，你要履行自己的义务，我和你母亲已经决定了。去吧，让我们以你为豪。”

他的母亲此时出来了，但是她无法面对王彩，于是转身去做清洁了。有一段时间，父亲出去整理思绪，王彩哭着喊：“母亲……”但是他并没得到什么回应。她摆手示意他安静，并说道：“你的父亲已经说了，你会让家人以你为傲。”她的声音颤抖着。他注意到母亲的眼眶里饱含热泪。

“去睡觉吧，你明天一早还要下田。”

王彩坐在那里，看着闪烁的蜡烛，感觉到眼泪涌了上来，心中充满了对新生活的惶恐和不安。他得出去冷静一下，他无法把心里的恐惧告诉母亲，因为这只会让她不高兴。王彩匆匆跑了出去，正好撞上回来的父亲，但他没有停下来而是径直跑去了田里，跑去了湖边。尽管气温很低，但他丝毫感觉不到凉意。“我再也没法和我的弟弟们睡在同一张床上了，再也没法和他们一起在树上玩耍了……为什么是我，为什么？”

家中，母亲还想对父亲说些什么，但是被他打断了：“不要再为王彩哭了，他是个坚强的孩子，只是他还小。他比其他人家的长子都要聪明，他会比大多数人都做得更好。”

“但是……他还这么小。”母亲说。

***

不久，马车就要出发了。王彩转身最后一次望向他的家人和村子。他想，我还能再见到父母、祖父母、兄弟姐妹、叔叔和姑姑，所有二十五个亲人吗？随着马车越走越远，他们的身影也越来越小，越来越小……

***

他很后悔自己记不得旅途中的很多细节，他只记得大多数人和他年龄差不多——这些孩子应该去上学，而不是去一个如此遥远的国度。

他们赶了九天路才抵达登船的港口。这艘名为“快速的月亮”的船是一艘双桅船。“就这艘？”他问身边的一个男孩，“我们就坐这么一艘小船出海远航？”他站在码头上，用脚步测量了一下船的大小。他以最大的步伐测量了一下，船也只有38步大。“希望我们不会遇到大浪。”

王彩加入了另外一个有60多人的队伍。有些人是去寻觅金山的。之后，他发现原先去他家做客的其中一个商人并不是什么善茬。他记得商人在他家的时候还挺友好，挺和蔼的，微笑着给了他很多鼓励。然而，此一时彼一时，现在这个商人正皱着眉头，大声呼喊着清单上每个人的姓名进行核对。当叫到自己的名字时，王彩应了一声，接着礼貌地问道：“先生，我们的航行需要多长时间？”

商人咆哮道：“该多久就多久，继续，下一个。”

可怜的小王彩只能无奈地背起他没装多少东西的包上船。母亲送行时给他准备的食物也已经吃完了。从甲板上看，船变得更小了。“往下走，穿过门，沿着台阶往下走。在下面的船舱里找一个属于自己的位置。”当他开始往下走的时候，他才意识到说话的人正是另外一个商人。

每往下走一步就越黑，空气也变得浑浊起来，还伴随着一股刺鼻的腐臭味。这里感觉就像老鼠洞。事实证明确实如此。他的眼睛花了几分钟时间来适应黑暗，以便能给自己找个位置，但他在途中仍不慎被绊倒了几次。

这些孩子都来自同一地区，彼此了解，因此自然而然就聊了起来。

王彩和来自同村的傅聚（音）走得很近。他俩一起长大所以待在一起。当他们小声交流时，他们发誓效忠对方并互相帮助。傅聚拿出了一把小刀，在两人身上都划了一道小口并以血起誓。

不久，其他人也加入了对话。其中一名男子说他听说船会在第二天涨潮时起航。另一个人在抱怨自己肚子饿了，想知道什么时候能吃上东西。船体的另一头，大约20步远的地方，一个人站在那说他需要小解，想知道应该去哪里。

“用那个水桶，”另一个人说，“去那儿就行了。但水桶不够我们所有人用。”

一个小时后，依然有人源源不断地从楼梯上走下来，每多一个人，大家都不得不靠得更近一些，直到每个人之间连一粒米的空间都不剩。空气变得更稀薄，腐臭味也更重了。

门猛地被关上了，然后他们听到木制支架被放在门上的声音。这引起了呼喊和恐慌。但是所有的敲打声和喊叫声都没有用处，门依然关着。很多人，或者更确切地说是孩子们，一生都在能呼吸到新鲜空气的田野里度过，而被关在这里实在是难以忍受。王彩和傅聚出于保存体力的考虑没有喊叫或恐慌，只是说空气变得更稀薄了。

他们在黑暗中坐了约两个小时，直到听到支架被移开、门被打开的声音。他们看到的第一个男人拿着一根棍子，这棍子用来教训那些想要跑出去的人。他只需要拿棍子打几个人，其他人就知道他是干什么的了。三四个人随后也进来了，每个人都提着两个水桶。一个之前从未见过的男人陪着他们一起进来。他是一个操着南方口音的中国人。他大喊安静，当所有人安静下来之后，他说自己叫张冲（音）。

“我和你们一样，但是老板雇我来带个话，”他继续说道，“他们锁门是为了防止有人下船，但是在起航以后，门就会敞开。”他解释道水桶里放着他们的粮食，而且他们必须吃掉，因为他们在起航前不会得到其他食物了。

另一个人拿来装食物用的金属杯。他们进来后不久，就退回了门外并把门再一次关上。

第一个品尝食物的人刚放进嘴里就吐了出来：“呸，这是屎吧。”

另一个人附和道：“我们给猪吃的都比这好。”

傅聚说他宁可饿着肚子，但是王彩说：“你得吃。这食物可能会让你觉得难受，但不吃的话你会更难受。”那天晚上，王彩意识到现在只能靠他自己了，只有靠自己的努力才能活下来。他无法依靠其他人。

天黑了，他们唯一可以知晓时间的方法是通过一个可以透过门缝看到外面样子的人。他说现在天黑了。即使如此，他们也根本睡不了多久，因为没有足够的空间，而且内心有太多的恐惧。

说话声并没有停止，大多数人都感到恐慌。几个年轻人，比如龚施（音），好像在抽泣。起初，龚施尽力控制自己的情绪，但随着时间流逝，他再也控制不住了，开始呼唤自己的父母。他很害怕，谁安慰他都无济于事。

忽然有人叫了一声："老鼠！"似乎有个人被经过的老鼠咬了一口。他意识到身上有老鼠，于是试图用手把它甩掉，但他被老鼠如剃须刀一样锋利的牙齿咬了一口。男子一直抱怨说伤口处的血止不住地流。

过了好几天，有人说夜晚已经过去了，因为现在是白天。"太好了，"一个人说，"我们很快就能出去了，门也会被打开。"但这样的愿望并没有实现，他们仍感觉到船在码头上摇来摇去，还听到风吹过木头支架的声音。由于暴风雨，这艘船留在了港口。门没有打开，没人来送食物，也没人来清理装排泄物的水桶。

那个靠近门缝位置的人一天报时三次"天亮了"，三次"天黑了"。船里的人都饥肠辘辘，身体既难受又虚弱。那个被老鼠咬伤的人已经神志不清了。每一天，大家都越来越难受，越来越虚弱。最后，他们感到船上忽然有声音了，风也减弱了。他们看到了光线，上方的甲板上来了很多人，这意味着船上终于有了生气。他们依稀听到喊叫声和发号施令的声音，看到很多人在甲板上跑来跑去。随着阳光愈加强烈，他们感受到船的摆动有所不同。不再是靠着码头有节奏的上下颠簸，而是出现了侧倾，因为船开始加速了。

随着船的速度越来越快，一个人惊慌地喊道："船漏了，进水了！"一些人尝试堵住漏洞，但这就像阻止下雨一样杯水车薪。

门依然没有被打开。更令人痛苦的是，晕船使得很多人呕吐。可能是因为食物，或是因为这样恶劣的条件，有人出现了腹泻的症状。王彩建议傅聚拿一件衣服捂住鼻子，这样就闻不到气味了。之

点食物在路上吃。我会在本迪戈的大金山等你们，然后帮你们在那儿找工作。记住，你们必须这么做，因为你们要还债，还要让父母引以为傲。如果你们还不了钱，那就是对家人的不敬……如果你们无法达到家人的期望的话，那这债就由他们来还。”

听完这话，大家都在窃窃私语。有人问：“我们要还多少钱？”

商人回答：“头两年一半的薪水，每次领到薪水就还。”

“两年？”大家表示不满，“这也太多了。”

商人说：“哪里多了，你觉得把你们送到这儿要花多少钱，还有马车、船、食物，哪样不花钱？我们给你们一个让家人刮目相看的机会，你们都会成为有钱人……”

他的话音未落就被打断了：“那根本不是给人吃的，那是猪食。”

另一人附和：“你这是趁火打劫，真恶心。”

王彩觉得和这些利欲熏心的商人争论毫无意义，所以一直保持沉默。

他们吃东西时，依然有很多人表示不满。有人给他们挨个发了面粉，并告诉他们一定要省着用。马背上驮着水，但是每个人只能早上分到一杯，晚上分到两杯，其中一杯还得用来做丹波面包。

很多人问：“什么是丹波面包？”然而他们得到的回答只是“你们很快就知道了”。

他们得知每天会在黎明时分出发，一直步行至中午。他们会在一天中最炎热难耐的时候找地方休息，一直休息到下午三点，之后接着赶路直到天黑。

后来，他们又得知在背井离乡航行了这么远来到这里之后，当地的季节和家乡是相反的。家乡是冬天，而这里正是盛夏。他们无法知晓或测量实际温度，但以摄氏度为单位计算的话气温已经有 30 度了，而且这还只是早上 9 点。坐在马背上的向导大声说：“这边走，跟着我。”这句话由常翻译转述给所有人。

从出发地开始，地面平坦又湿软，因此他们走得很慢。他们还不知道原先说的 3 天路程实际要长得多，有些人在途中没能坚持下来。两小时后，他们躲在树下休息。向导说这种树叫桉树。他们得知全澳境内都长满了这样的树。他们穿过了沿海地区的松软地带，又进入了干旱、荒芜的区域。路上高低起伏，随着他们越往内陆行走，地势也逐渐上升。除炎热以外，这段路还算好走。王彩一直在想如果在这片大陆上种植食物会怎么样。

艳阳高照，每次呼吸都好像从火炉里吸气一般，嗓子也很难受。第一次休息的时候，他们被一个突然出现的土著人吓到了。没人注意到他靠近，他就站在那里，全身黑里透红。他的脸上有因恶劣气候留下的痕迹，看上去就像桉树皮一样粗糙。他没穿衣服，只有腰部挂着的一条类似腰带或腰包一样的东西。这人又高大又结实，留着胡子，胸口画有一些记号，看上去像个原始人，还很凶猛。他一只手拿着一支矛，另一只手拿着一根棍子。

王彩的注意力被土著脚边的一只澳洲野狗深深吸引。面对众人，这条狗保持着警惕，耳朵一直竖着，看起来很聪明。这是一条通体泛黄、胸部显白的野狗。王彩注意到它的牙齿比普通的狗的牙齿大得多。后来他才知道，澳洲野狗是澳洲境内体积最大的肉食动物。他们跟随数千年前的早期人类从亚洲迁移至此。

你知道墨尔本和北京之间相隔大约9200公里吗？霍巴特与北京的距离还要再多加600公里。王彩一行人坐着那艘漏水的船航行了6000~7000公里。

中国的国土面积大约比澳洲大21%。

一份报告显示，大约有17000名中国人（大部分都是男人）从南澳大利亚州步行至维多利亚州。

从右图可以看出不是所有人都是徒步行走的。这些应该是少数的有钱人，因为大部分人都无法负担如此高昂的费用（图片来自www.slv.vic.gov.au）。承运人是澳洲知名且广受爱戴的科布公司（Cobb & Co）。

桉树　有超过700个品种的桉树。它们也是很有用的树。我在后文中只提及了一些土著人使用桉树的途径，但桉树目前还用于制药、杀虫、驱虫、制作香料、抗菌，最近还被用作燃料。其中大部分提取自桉树油。

开花的桉树（图片来自Pixabay，网址http：//en.wikipedia.org/commons）

土著试图用他自己的语言和向导交流，但是向导给出的手势是怀有敌意的，王彩一行人能够看出向导想让他赶紧离开。

但是他并未离开，反而走到100米以外的一颗桉树下坐了下来，保持观望的态势。当他们继续赶路时，土著紧随其后，但和他们保持着距离。然而每隔一段时间，他和他的狗都会脱离队伍，消失一阵。

天黑之前，向导通过常翻译传话，让大伙一边赶路一边捡柴火。半小时后，他们结束了一天的行程。向导教大家如何生火。

向导把众人召集过来。

“丹波面包，”他说，“是丛林爱好者自来到澳洲后就一直食用的著名食物。”

向导一边说，一边拿出了面粉和水。

“这个地方叫做Australia（澳大利亚），不是你们口中的Aodaliya。”

向导继续着他的示范：“将一小杯面粉和一小把盐倒入锡罐中，加半杯水。这还不够一个人吃，所以每个人都要加一倍剂量进行搅拌。每8个人要组成一个小组，因为你们要轮流做饭。此外，我们晚上只生一堆火。在澳大利亚发生火灾是一件很糟糕的事情，尤其是在每年天热的时候，所以一定要很小心。”他说了两遍。“你们明白了吗？”他询问。

“是，是。”大伙应道，并点了点头。

“接着，你把它拌和均匀，然后从罐子里拿出来，放在一块树皮上并把它卷起来，就像你母亲做那个什么的时候一样。”

澳洲野狗吃人?

澳大利亚历史上有一个著名的案件，案件的受害者是 1980 年的女婴阿扎莉亚·张伯伦。

当时张伯伦一家人正在乌卢鲁巨石（艾尔斯岩）附近露营，很显然一只野狗闯入了帐篷并叼走了女婴。后来也没能找到尸体。多年来，司法机关和澳洲公众都认为是母亲杀害了自己的女儿。她也因此被判处谋杀罪，外加终身监禁。然而，在狱中服刑三年后，在距离失踪地点较远的狗窝中意外地发现了孩子的衣物碎片，母亲也因此获释。

这一事件被改编成了一部备受关注的影片，同时还有很多纪录片和几本书记载了此事。

大多数人现在都相信小阿扎莉亚的悲剧是由一只澳洲野狗造成的。

澳洲野狗（图片来自 Pixabay）

澳洲野狗（图片来自 Pixabay）

"做馒头的时候。"常翻译补充道。

大家纷纷附和。

"现在，来感受一下它的质地。"他让很多人感受了一下，他们知道这种质地的感觉。然后他用一根棍子，从火堆里挑出一些柴火，把丹波面包放在上面，他又取了一点放在面包上把它的表面覆盖住。"要烤大约30分钟。等烤好了以后把它拿出来，平均分配给所有人。你今晚吃一半，明早吃另一半。面包富含营养而且足以果腹。"他一边说一边拍了拍肚子。

所有人都品尝了他的手艺，很多人认为烟熏、酥脆的味道挺合口味。随着旅程的继续，他们也精进了制作方法，使用不同的草或块根来改良口味。

***

天现在已经完全黑了，他们看到远处有火光。"那是土著人。"一些人喃喃自语道。大多数人对火光保持警惕以免土著人靠近队伍。他们很担心，觉得那个土著人带来了厄运。他们的经历已经够糟糕了，7个人已奄奄一息，还要面对艰苦的跋山涉水。还有土著人带来的那条狗，简直就是厄运的化身。他们不想再遭遇更多麻烦了，所以轮流站岗观察土著和野狗的动向。

王彩倒不觉得土著人来者不善，因此在吃完了他一半的丹波面包，小心地用衣服把剩余部分包好之后，他说他要去看会儿星星。他从未见过那么多星星。他想要寻找曾在故乡见过的星座，但一颗都找不到，漫天都是叫不出名字的星座。他心想“澳大利亚真是个奇怪的地方”，然后就往土著人所在的火光方向走。

还没走到那儿，那只野狗就发出了带有攻击性的低吼声。王彩后来才知道澳洲野狗不会吠叫，它们的喉咙没有进化出吠叫的功能。土著人对他咯咯地笑，并友善地示意他坐在火堆旁边。土著说着自己的语言，王彩自然听不懂，但他能理解这是个友好的举动。他感谢了对方以示礼貌。两人都笑了，知道彼此之间无法沟通。野狗依然保持着低吠，但挨了主人一棍子以后就安静了。气氛曾一度沉默，后来土著给了王彩一块他烤的肉。那是某个品种的鱼肉，此时王彩才明白土著为何会偶尔消失一阵。“当然啦，这个人对这片土地太了解了，而且他知道该怎么存活下来。”鱼肉很干但是味道不错。王彩示意鱼肉很好吃，并鞠躬向他表示感激。一阵沉默以后，土著突然抓住了王彩的手臂并激动地说着什么，不过不是出于攻击目的，而是出于关心。王彩通过火光观察土著的手势——他示意马上会有不好的事情发生在骑着马的向导身上。王彩不知道对此该如何回应，只说了好多次“坏，坏”。

又是一阵沉默，之后王彩多次用手指着自己的胸口说：“彩，我叫王彩……王彩。”然后指了指土著，询问他的名字。

土著人听懂了并回答道，“阿纳特加里（音），”多次指着自己胸口，“阿纳特加里……阿纳特加里。”

王彩说：“你是阿特加，我是彩。”

土著摇了摇头，慢慢说道：“阿纳特……加里……阿纳特加里。”但是王彩还是没能念对，过了一会他能念出“加里”了。土著朗声大笑，在黑暗中露出了洁白的牙齿。他念“彩”的时候还重读了字母C，但两人很快就不再纠结发音了，再次开怀大笑。

过了一会王彩起身向土著叩了个头，并向他挥手致谢，然后就返回自己的营地睡觉。那只野狗跟着王彩走到半路，然后停下来目送他逐渐踏出自己的领地。

***

王彩一行人天亮后第一时间就出发了。半数人挨着饿，很多人还生着病。他们别无办法，只得继续行走。走了两天后会怎么样呢？再过两天又会怎么样呢？他们也不知道。

王彩回头望了一下加里。那条狗一如既往地跟着他们。王彩和土著都举手向在远处的对方示意，表示问候。这一天比昨天更热，或许是因为他们正远离沿海地带。导游不断催促他们加快步伐：“按照这个速度，我们到达目的地之前都已经是老头子了。”但他们只能以最慢的步伐行进。许多人都在艰难前行，但王彩是个例外，他对周围的环境太感兴趣了，以至于感觉不到难受。他看到了各种各样从未见过的鸟类，很多鸟儿身上都带有鲜艳的色彩，他沉醉于它们的歌声和鸣叫声中。每隔一段时间，他都会看到一种奇怪的动物，用两条后腿直立，前腿较小，反而更像是前肢而不是两条腿。巨大的尾巴似乎在帮助它们移动。他眼看着其中一只用爪子挠了挠肚子，就像老人起床后的习惯性动作一样。加里说这种动物叫袋鼠。“这种生物太有趣了，这个地方也太有趣了。”他心想。他们

野狗围栏图片由彼得·伍达德补充提供

在王彩一行人抵达澳洲30年后，才有人竖立起了野狗围栏。建立围栏是为了抵御到处游走捕猎的澳洲野狗，并保护羊群。

这是世界上最长的围栏，约5614公里。数以千计的澳洲野狗由于围栏和捕猎途径的减少而饿死。

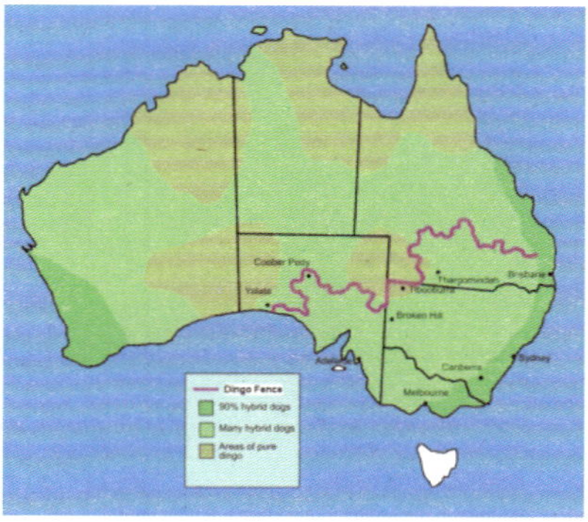

野狗围栏的地图图片来自维基共享资源

一度见到了更多的土著人，但那些土著人只是在他们走过的时候站着，注视着衣衫褴褛的这一行人。他们既没有打招呼也没有微笑，就这么看着。

在晌午休息的时候，王彩稍微小睡了一会就去找加里了。加里暗示现在的路还算好走。伴随着他习惯性的笑声，他表示很快就要上山了。之后，似乎是为了证明这一点，他指了指前方地平线上凸起的山脉。王彩之前没有注意到这一点。加里抬起手臂以示山脉有多陡峭。“表达关切。”王彩只说了这几个字。加里示意到达终点还需要两天时间。

“两天？他们之前说只要3天，而且我们已经走了一天半了。”当然，这些话加里也听不懂。加里再次提醒王彩，厄运即将降临在向导头上。他不太相信这一点，同时也不想让自己的同伴担心，所以什么也没说。

回到营地之后，王彩找到了常翻译并要求他带自己去找向导说几句。“之前说好只要3天，但现在看上去似乎需要更多时间。”

“谁这么跟你说的？”向导问，“算了，行程一共要10～15天时间。”

这个消息只花了10分钟就在队伍里传遍了。到了出发的时候，无论向导喊多少遍，他们就是坐着不走。大家都在窃窃私语。队伍里最年长的人说话了：“再走10天，我们根本走不了。”

向导这时带着翻译过来询问道：“出什么问题了？”无人回应，但他们都看向了王彩，甚至那个长者也看着王彩，他比划了一下：“你跟他说吧。”

袋熊是原产于澳洲的一种腼腆的有袋类动物。它们身长 1 米，长着小短腿，全身肌肉发达，看上去就像毛茸茸的坦克车一样。它们是考拉的近亲。

澳洲土著人食用袋熊肉并使用它们的皮毛。袋熊的一种奇怪的习性是它们会使用自己那呈立方体状的排泄物。排泄物被它们用来标记领地，立方体的形状可以保证领地位置的精准性，而且不会从岩石上滚下去。

此外，在说到一群袋熊时，可以使用量词“wisdom”（智慧）。

这只袋熊正匆匆穿过马路，这也是我们经常看到袋熊出没的地方（图片来自 https：//en.wikipedia.org/wiki/Wombat）

王彩不确定自己是否足够聪明或有信心为大家发言。但他还是站了起来，看着地上的人，犹豫地走了过来。

“先生，”他看着向导，同时翻译把他的话转述给向导，“我们是来自中国小农村的普通人……这块大陆，”他用手臂示意了一下周围广阔无边的土地，“我们……我们不理解……在船上的时候，先生，我们的境遇很糟糕，别人告诉我们航程只需要几天，但事实上我们在船上待了很多天，吃也吃不好，还生了病……死了 7 个人。我们现在的身体很虚弱也很疲惫，但是我们还要……要走……那么远……是的，太远了。我们分到的食物很少，根本不够……水也太少了，一天两杯……而且，天气那么炎热。如果我们继续这么走下去，更多的人会坚持不了。”此时，很多人低声赞同。向导点了点头表示理解。“如果我们死了，或者体力不支了，那你的老板们就不会从我们身上得到利润，这是两败俱伤的结果。要我们继续行程的话，我们需要更多的水，更多的食物。我们需要休息。”

原先商人对他们的承诺再次被证明是假话。但这是自那两个商人来到他们村庄以后，他们第一次觉得自己说的话被他人听进去了。

现在，王彩提出了他的主张——他们只有得到了更多的食物和水以后，才会继续前行。他不想表现出强势的样子，而是希望能向向导寻求帮助。所以他不再多说，只等向导开口。他只要听头几个字就知道向导是否公平公正，是否愿意提供援手，还是他只是老板们手下一枚领着薪水的棋子。

犹豫不决的向导并没有急着开口，但他也知道无法避开这个话

刷尾负鼠是一种夜间活动的有袋类动物，原产于澳洲。它们主要以桉树的叶子为食，但有时也吃其他小动物的肉。

它们不仅生活在灌木中，还生活在城镇、城市的公园和居民区。它们在这些地方通常被视为害虫，因为它们会破坏花园、果树、地下的布线以及管道。但是作为一种保护动物，居民猎捕或射杀它们是违法的。

一只成年负鼠和一只负鼠幼崽。作为夜间活动的动物，它们出门觅食（图片来自维基百科常用图片库）

我在南澳徒步旅行时邂逅了这只负鼠宝宝。它当时又冷又饿，濒临死亡，可能是因为仅出生一周，而且很有可能从上面的树上掉了下来。我把它送去了动物收容所。当我两周后给收容所的人打电话时，他们告诉我负鼠宝宝体征稳定。他们还说如果不是我发现了它，它再过两个小时就坚持不了了。

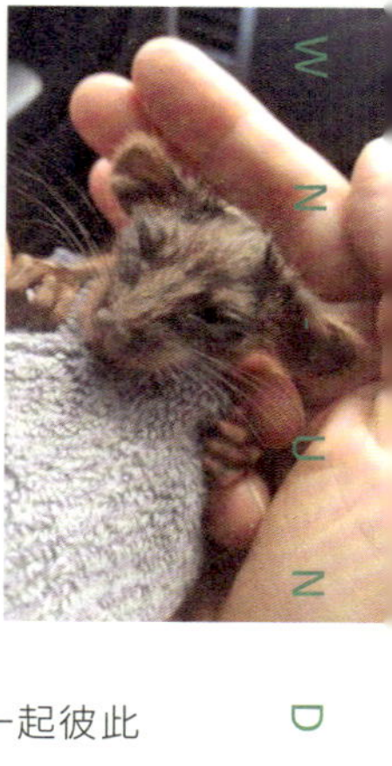

他们想要把它放归自然，但现阶段还不行，因为它无法在野外存活。

收容所里还有其他几只小负鼠，因此他们将小负鼠们放在一起彼此陪伴。等到它们都有回归自然的能力了，所有小负鼠会被放生到一个不会互相竞争夺食的区域。

题，于是清了清嗓子："中国佬们，我知道你们很难受，走得也很慢……但……我与你们得到多少食物并没有关系……水也一样。我确定还要走好几天。所以，你们说得都对，但我也很为难……我的任务是把你们带到本迪戈，有很多黄金的地方，这就是我的任务。我也没法提供更多的面粉或者水给你们，但是我可以教给你们方法，我原本也正准备这么做。"

一个大约 14 岁的男孩大喊："那你们走路，我们都骑马。"虽然只有 14 岁，他现在肯定是一个男人了，因为在这短短几周里，所有人都从男孩变成了男人。他的话引起了很多笑声。

"马是我的，如果你们想要活命，那就跟着我，现在、立刻、马上！"说完向导就跨上了马背。王彩迅速思考了一下当下的选择，大家都看向了他。他看到加里正站在营地的边缘，他似乎知道这里正发生什么，举着长矛表达支持。"先生，那您就自己上路吧。我们这些您口中的中国佬们，宁愿怀着自尊心死在这里，也不愿跟随您痛苦地死去。所以您抛下我们独自上路吧。"

他转向翻译并点了点头："你也是，我们这儿不需要老板的人。"一些人站了起来，指着向导和翻译说："你们走吧。"

王彩接着走向翻译并对他说："赶紧走，我想要在你不在的情况下和大伙聊聊。"几个人强行拉起常翻译的手臂，拽住他走了约 30 米，然后说："走，继续走。你甚至都不属于我们祖国，你不是我们的一员。"

"各位坐下来听我说，"王彩说，"我刚和长鼻子说的不是真心话。是，他走了以后你们可能会觉得我们要死在这里了，但这种情况不会发生，因为我们仍然有足够的食物和水，我们可以走回出发的地点，回到阿德莱德港。过两到三天，我们就能回到下船的地方。那里肯定有食物。而且如果商人还在那里的话，我们可以向他们索取食物，毕竟，我们有 53 个人，他们没法不管我们。”听完这个聪明的年轻人的分析，所有人都欢呼起来，他们知道他说得没错。

此时，向导因拿不定主意并未出发。他不是个坏人，也不希望任何人在他照料期间死去。他有他的使命，而且正是这种宛如乒乓球比赛中的你来我往的局面让他进退两难。出于服从命令或更人道的角度，他作了决定。他迅速跑向常翻译，并说：“等等，我们再谈谈。”

回到人群后，他下了马，以免看上去显得高高在上。然后他说：“我准备这么做，你们在这里等我，我骑马回阿德莱德港。我会想方设法说服老板提供更多的食物和水。我向你们保证。”所有人都欢呼起来，很多人拍了拍王彩的后背以示肯定。从那时起，王彩就被公认为队伍的领导人。但是王彩很清醒，知道这只是一场胜利而已。他很确定未来还会面对更多挑战。

向导再次翻身上马：“我先走了，今晚应该就能抵达。可能需要两天才能搞定补给品，再花 1 天时间回来……差不多 4 天后见。我留下了所有的水和面粉。你们要知道，在这片大陆上，水比起你们能找到的黄金来说更加珍贵，所以你们安排一个人谨慎分发。同时，你们在这些树下休息，把你们的身体养好。”说完他就迅速出发了。

王彩相信向导会遵守诺言。由此，他得知世上有好人，也有坏人，他必须尽快学会如何判断两者。他再次看向加里，他举着长矛表示他做得很棒。这一举动让王彩不禁思考："当然，我们处于这片大陆上，还有土著人……他们是谁？"他知道自己会慢慢找到答案。

***

在这4天里，大多数人恢复了体力，但是有3个人没能挺过来。这对所有人来说都是一个悲伤的时刻。队伍里有人取出了祭祀用的香，一些人搬出了他们收藏的佛像，还有些人采摘了生长在周围的野花，由此搭建了一座简易的佛堂，给予那些不幸逝世的人相对体面的送别。王彩找到了队伍里最德高望重的人，并询问他是否愿意担任大家的精神领袖。他叫作冯（音）。在他们的仪式中，他们向死于老鼠咬伤的人、去世的小男孩和其他5个人默哀。这是一个庄严的时刻，但也是一个肯定他们曾经存在于世的时刻。他们在一片陌生的大陆上，但他们仍然清楚地知道自己是中国人。

冯会在每天行程结束后搭建佛堂。后来，在那个叫做本迪戈的地方，正是冯在那儿建立了第一座寺庙，供人们获得精神上的寄托和引导。当他们第一次欢度中国新年的时候，也是冯作的致辞。

在歇息的第3天，王彩让傅聚数一下，检查一下队伍的人数。他们发现龚施不见了，就是那个来自王彩隔壁村的小男孩。他1分钟之前还在这儿，但转眼间就不见了踪影。王彩焦急地找到守在营地一边的加里。他的澳洲野狗一直陪伴左右。他尽可能地向加里比

袋鼠

任何人说到澳洲的时候，他们一定会联想到袋鼠。但你是否知道它们有不同的大小呢，比如下面照片里的那些？另外还有一种袋鼠叫做树袋鼠，大约只有小孩子的拇指那么大。

袋鼠是世界上最大的跳跃类动物。它们精通于此，最高可以以 70 公里每小时的速度跳跃，一跃十米，还可以跨越 4 米高的围栏。它们同时还是游泳健将。我曾经见过一些袋鼠游到一个距离岸边几百米远的小岛再游回来，因为那个小岛上有很多新鲜牧草。它们也很聪明，经常在退潮的时候游过去，这样花在游泳上的精力就少了，可以保留更多体力来跳跃。

袋鼠对于原住民很重要，因为原住民食用袋鼠肉，用它们的皮制成衣物、被褥用品和垫子，用它们的筋骨来播种和捆扎，并把骨头用作工具或棍棒。

可悲的是，每年有 210 万只袋鼠在公路上被汽车撞死。它们很少幸免于难，尤其是当汽车正高速行驶的时候。更糟糕的是，有时被撞死的袋鼠妈妈在育儿袋里还携带了小袋鼠。记得我有一次和一位来自乡村地区的汽车维修工聊天，他告诉我，他修理过的 2/3 的故障车是由袋鼠造成的！野生动物报告显示，每年大约有 240 万只动物死在公路上，而保险数据表明其中 88% 是袋鼠。

袋鼠可能是澳洲的一种标志性动物，很多澳洲人对中国的大熊猫也抱有相似的感情——我们爱它们并想更多地了解它们。

这是一只沙袋鼠，袋鼠家族中的一个品种（图片来自维基百科常用图片库）

袋鼠妈妈和袋鼠宝宝（图片来自维基百科常用图片库）

划解释，问加里是否能够找到失踪的龚施。加里一言不发地在人群里走来走去，似乎在走一个大圆圈，他一直扫视着地面，时而弯腰，时而用鼻子嗅着气味，时而感知（王彩后来才知道，他们特有的这种感知叫作“Miwe”，是一种相当深奥的技能）。忽然，加里站起身，指着一个方向，然后就往那个方向跑了过去，野狗也跟着他一起跑了起来。

王彩对大家喊道：“大家等等，我跟他一起去。”之后就追了上去。于是，他俩一起出发了。

追踪的细节我就不再多说了，凭借着熟练的追踪技能和对土地以及其精神的“了解”，他们最终找到了活着的龚施。他似乎没有喝自己分到的那份水，而是把水分享给了那些比他病得更厉害的人。到了晚上，他由于缺水而意识不清，离开队伍四处游走，寻找他的父亲和母亲。王彩给他喝了水之后，他们带他回到了营地，他不久后就完全康复了。

他们的命运似乎也发生了转变，加里有天看到了一只长相奇特的袋鼠，他凭借娴熟的捕猎技能成功用长矛把它刺死。大家把这只袋鼠煮熟，美美地吃了一顿大餐。这是他们几周以来第一次吃到肉。

王彩觉得不会说澳洲本地的语言，也就是英语，会让自己处于不利位置。为了解决这个问题，他一天会去找几次常翻译，问他这个单词的英文是什么，或者那个单词的英文是什么。常渐渐地有点畏惧王彩，但他也尊重这位年轻的领袖，并遵从他的要求，因为他想赢得他的支持（如果可以的话）。王彩很快就学会了英语，而且每

以下是王彩发现的有关这片大陆的内容：这是一个有沙漠和桉树的地方。这个地方到处都是动物——大袋鼠和小袋鼠轻松而有力地跳跃着。负鼠，一种生活在桉树上，长着浓密尾巴的猫科动物，它们在夜间出没，会梳理毛发并发出低沉的吼声与同类争吵。它们的步伐很轻，可以优雅地从一根树枝跳到另一根树枝上，从一棵树跳到另一棵树上。它们白天在树桩上睡觉。

这里有品种丰富的鸟类，其中还有世界上体积最大、最五彩斑斓的鸟儿，有长尾鹦鹉、粉红凤头鹦鹉、凤头鹦鹉和上百种其他鸟类。王彩认为因为鸟儿持续不断的吵闹声、鸣叫声和其他各种形式的鸟类间的对话，使得人们永远不会在灌木丛中感到寂寞，他逐渐爱上了它们。他不确定自己最喜欢哪种鸟，是那只充满感情、转换着音调吟唱的澳洲喜鹊，还是那只在一公里外都能听到大声咯咯笑的笑翠鸟。起初，它刺耳尖锐的叫声让人听了背脊都会发凉……加里对此表示很好笑。

这是一片古老的大陆，这里的人民也是。有人说它有68000年的连续居住历史——这是一个了解土地、吃苦耐劳的种族，一个通过观察和经验形成强大精神联系的种族。他们的祖先曾经使用过的名字叫做Koori，但是他们后来被称为土著人，但无论怎么说，他们是最早期的原住民。

现在王彩所处的这片大陆，尽管被叫做澳大利亚，几千年前它是伟大的冈瓦纳大陆，附属于亚洲的一部分，而且涵盖了南半球大部分的大陆。科学家对冈瓦纳大陆很感兴趣，尤其对有机物沿着陆地扩散很关注。对于人类学家而言，他们感兴趣的是起源于非洲南部的人类流动。对王彩来说，他乐此不疲地了解这片土地和这里的人。欧洲人来自欧洲大陆的每个角落，以及英国和美洲——所有人都有各自有趣的口音和生活方式。

他正准备学习“Bora”，一种澳洲土著男孩的成年仪式。这是他们与土地建立联系并感受他们对土地责任感的时刻。作为成人典礼的最

（待续）

天都会给自己的英语词库里添加一点新的内容。

***

向导在第4天晚上遵守他的诺言返回营地。他还带了另外4匹马和两个土著人，他俩也骑着两匹马。当大家看到这个小车队时，不禁欢呼雀跃起来。他们的声音被祖先听到了。

那天晚上，营地里的人们都更开心了。

***

王彩晚上按照惯例去找加里，其中一个新来的土著和他在一起，另一个土著则返回了阿德莱德港。这位新成员和加里一样，脸上洋溢着纯真，带着善意和接纳的笑容。王彩自那时起渐渐喜欢上了这群人，因为他们的率真和对中国人的接纳。新成员的名字叫本尼。

本尼会说英语，所以王彩现在可以通过他更容易地理解加里说的话。双方都很高兴。

他们坐在火堆前聊天。王彩问本尼来自哪里，在此过程中他得知，在欧洲人发现这个叫做澳大利亚的大陆之前，澳大利亚是由178（确切的数字一直存在争论）个独立的原住民部落组成的。本尼的部落位于南澳大利亚州的南部，因为他来自本甘迪（音）。加里来自南澳的中部地区，一个叫做帕恩卡拉（音），后来改名为巴恩加拉（音）的部落。就像所有主权国家一样，他们尊重每个部落的法律和

（续上文）

后一步，他们会去“四处游走”。这一走需要几天、几周或者几个月的时间。他们通常独自上路。

在出发前，会有人告诉他们：“在你出生前，你的灵魂就以动物、植物或祖先灵魂的形式存在于世，因此当你寻找男子气概的时候，你真正寻找的是你的灵魂。当你怀有意向寻觅的时候，你与土地的故事也会逐渐展开。历史从不遥远，因为它留存在土地上，而你的任务是寻找那段历史。你会依附这片土地生活并尊重所有的生物、植物、灌木和祖先留下的岩石。倾听它们，它们会引导你。你会通过歌唱和聆听灵魂召唤的方式来追随我们祖先的乐声（梦幻音乐）。通过歌声，你将把灵魂和土地合二为一，直到找到拥有男子气概的方式。作为你成年仪式的一部分，你已经学会了歌唱，了解了神秘的事物。接下来你要突破五种感知方式，进入梦幻时光（有意识思维之前的时光），聆听祖先讲述的故事。这是一个独处和沉思的时刻，认真聆听，你会听到来自我们古老文化的故事。”

1889 年，在本迪戈的城镇，亨利·弗雷德警长因对当地华人友善的态度而收到了一块金牌。金牌上雕刻着这样的字样：“他对待我们就像对待自己人一样。”这块金牌目前存放在本迪戈的金龙博物馆中。

边界。王彩听得很认真，他可以察觉出这两个来自不同部落的原住民之间存在敌对情绪。他们虽然可以互相理解，但有不同的方言。更有趣的是，他们现在都位于这个叫做约塔约塔的“部落”，因此他俩可以说是非法越境。

***

大家都好好休息了一下，也都得到了补给，于是他们第二天清晨高高兴兴地继续出发了。一开始的路还挺好走，而且随着体力恢复，他们似乎还乐在其中。到了下午，随着他们深入山脉中的丘陵地带，景色变得更美了，但付出的体力也更多了。

当大家开始到处收集木材时，传来了向导的马叫声。他们被马叫声吸引了过去，看到那匹马在慌乱中高高蹬着前腿。向导，在毫无预兆的情况下被马儿甩到地上，而且头部着地。他在双脚还没碰到地面之前，就不幸去世了。

所有人都震惊地聚到一起，但之后人群中又发生了一次骚动。那是因为加里穿过人群，用手势让所有人后退，他仔细查看地面，然后通过本尼和王彩交流：“蛇……大棕蛇……让马受了惊。”

王彩清楚地记得当初加里提醒过他向导即将大难临头。“加里是怎么知道未来会发生的事情呢？”当他对于原住民的了解更多以后，他才得知他们看到的或者懂得的东西，大多数普通人都不知道。

栖息在澳大利亚丛林中的鸟类品种十分丰富（有近900种），比大多数国家的品种都多。

笑翠鸟

虎皮鹦鹉

喜鹊

长尾小鹦鹉

（以上图片来自 Pixabay）

***

王彩当晚没睡好。作为大家指定的领导人，他得在没有向导的情况下制定出一个对队伍最有利的计划。第二天一早，他带着自己的想法找到加里和本尼，希望他们能给予帮助。他还拽上了常翻译。

王彩最后还是把问题抛给了两位土著。他需要把大家伙带去本迪戈的大金山。加里虽然不知道大金山是什么意思，但他知道本迪戈——它在维多利亚州境内，很远很远。当王彩询问有多远的时候，加里无法给他一个精确到英里或公里的回答，因为他也不知道。他只说可能需要十几天，可能12天。14天比较准确一点，因为大家对于长途跋涉并不在行，他们走得很慢，身体也不够强壮，因此必须隔几天歇息一次。

然后王彩问出了他之前一直想问的主要问题："你能带我们去吗？你愿意带我们去吗？我敢肯定我们可以凑一点路费付给你。你俩得一起，本尼也得和我们上路，帮忙翻译。"

两人被问得不知所措，他们从来没有被问过这样的问题，于是不由自主地说起了自己的语言。当他俩交谈时，王彩对于这种以4种方言进行的三方交流感到好笑。当他俩交谈完毕后，他们的第一个问题是："那我们怎么处理向导先生？那个人运气太差了。"王彩原本想问加里是怎么预知未来会发生的事情的，但他把这个想法先放到了一边，因为当下的问题更重要。

"我想让本尼先生立即骑马带着向导先生的尸体回去。他可以解释发生了什么，并说明我们现在的打算。然后，如果你同意，我们一小时后就出发。但本尼先生必须回来和我们汇合。我敢肯定他能找到的，因为我们人数众多，而且我可以看出你连没有足迹的蚂蚁都能追踪得到。”王彩对于加里的追踪能力的描述让四个人都笑了起来。

于是大家都按照计划进行，本尼带着向导的尸体骑马返回，加里同意带他们去本迪戈，常翻译抱怨着他没有选择，但当王彩提醒他说他或许依然能从商人那里拿到一份薪水后，他也就欣然接受了。

***

当天完全黑下来之后，他们在一个能俯瞰山谷的小丘上安顿下来。连绵的群山充斥着王彩的整个视野。

经过了一天的舟车劳顿，王彩不消一会就睡着了。但是后来，由于露水产生潮气，他被冻醒了。满月使得天空变得如此明亮，几乎看不见几颗星星。在天空的映衬下，山峦和树木呈现出漆黑的景象。他又醒了一次，发现月亮已经向西移动了很远。时间尚早，于是他又睡了过去。

黎明时分，他冷得打起了哆嗦。他们出发的时候还听到了一些鸟叫声。

在他右边，一束光芒逐渐照射出来。太阳仿佛被一条长绳拴着，给下面的山谷和远处的群山带来了色彩。随着绳子将太阳拉得更高，颜色也更丰富了，直到可以看清每一棵树和每一块岩石。

王彩惊讶地看着这一切。鸟儿如管弦乐队一般，带来了节奏和歌声。当太阳终于在地平线上探出身子时，一束束光芒沿着大陆蔓延开来，将阴影嵌入树木和岩石的缝隙中。忽然，太阳完全升起了，又大又圆又亮，黄色的暖意涌上他的心头。他意识到行程要延长了，所以希望大家快点走，因为之后天气可能会更热。

***

一路行程进展不错，大家更安心了，也彼此建立起了关系。他们又花了两天时间才越过山脉。另一边是平坦、干燥的沙地。天气也更热了。他们来到一条又长（约 2500 公里）又宽的大河边，后来才知道这条河是墨累河，或简称墨累。墨累河是南澳大利亚州和维多利亚州之间的分界线，而如何渡过这条河成了他们的难题。

到现在为止，他们唯一见过的人，是那些在第二天行程中遇到的部落的人。有几条崎岖不平的小路通往维多利亚州的边界，但他们认为不走小路较为明智，以防遇到维多利亚州边境巡逻队。

加里觉得这是个适合休整一天的地方，大家可以洗漱放松一下。他警告大家千万不要走到河水漫过膝盖的地方，因为河水湍急，可能会把人冲走。他对王彩说："我去给'这个部落的'人打个招呼，再询问一下如何渡河。"

王彩问："你要怎样找到这些人呢？"加里咯咯地笑了起来。

"他们会找到我的，他们已经知道我们在这儿了。"他似乎知

考拉

我们都喜欢那些有着可爱脸蛋、圆润大耳和大纽扣般鼻子的睡眼惺忪的生物。此外，没有尾巴反而增加了乐趣。它们只生活在特定的桉树上，只吃那些特定品种的桉树叶。由于饮食有限，它们经常久坐而且一天要睡约 20 个小时。它们把幼崽放在育儿袋里，就像上文提到的袋鼠一样。它们和袋鼠是近亲。

成年考拉（图片来自 Pixabay）

考拉妈妈和小考拉（图片来自 Pixabay）

道该走哪条路。休息了一会，他就迈着坚定的步伐，带着野狗出发了。

半天后，加里回来了，他还带了四个部落成员和一个年轻人。加里去他们那里是为了请求许可能够穿越他们的领土，这样的举动似乎让他们感到很欣慰。这些人住在河岸上，依靠在陆地上打猎和在河里捕鱼为生。他们似乎也想亲眼见见中国人，还拉了拉眼角模仿中国人的长相。大家都笑了。他们解释道，在河的另一端是另一个部落——维多利亚。

加里说："沿着河往下走大约要走半天，要经过一大片沙洲。"现在的季节比较干燥，水位较低，所以他们可以涉水渡河。他们打算第二天就这么干。

按照传统习俗，人们生了火，然后七个土著人围坐在一起讲故事。大部队第二天一早继续上路。

***

涉水渡河毫无问题，他们顺利进入了沙漠。尽管他们从河里取了水，但所有人都在抱怨带的水太少了。王彩这才想起来加里并没有带水，于是问加里的水从哪里来。"从地上，还能从哪儿来？"加里觉得这似乎是一个愚蠢的问题。

"你可以给我们演示一下如何找到水吗？"

"你们在丛林的生活经验还不够丰富，我可以告诉你们水在哪里。"加里带着他们去找水源。但他们依然要节约用水，因为通常每

蛇

澳洲至少有10种毒蛇，其中包括红腹黑蛇、蝰蛇、棕伊澳蛇、太攀蛇、虎蛇、铜头腹蛇和盔头蛇。人一旦被咬伤，短时间内就会丧命。

不久前，有新闻报道说，一位父亲试图保护他的孩子免受一条棕伊澳蛇的攻击，这条蛇以某种方式进入了农舍的浴室。父亲被蛇咬了——两个小时后，他就不幸去世了。

澳洲东部棕蛇（图片来自维基百科常用图片库）

虎蛇（图片来自维基百科常用图片库）

隔几天才会找到地方补水。傅聚提了一个建议：在每个水坑，他们可以用自己的语言为其他经过的中国同胞做一个记号。这个建议被采纳了，并成为一种惯例，所有水坑从此都有了中文标记。

每隔两天左右，加里或本尼会独自离开一段时间。当他们回来时，通常肩上都扛着一只袋鼠。大家都欢呼起来，因为他们逐渐喜欢上吃袋鼠肉，尤其是以土著人的烹饪方式做出来的袋鼠肉。将整只袋鼠扔在滚烫的煤块上，让它通过毛皮和皮肤被烤熟。烤熟后，毛皮很容易就能撕下来。这些人已经看到很多只袋鼠了，而且当他们吃肉的时候还会一直模仿袋鼠跳跃的方式。

他们还猎捕了其他动物，比如蛇和一种长相奇怪、叫做鸸鹋的大鸟。鸸鹋比队伍里最高的人还要高。他们也很喜欢鸸鹋肉。有一次，本尼猎捕了一只鸸鹋，还带了三枚鸸鹋蛋回来。这些蛋的个头很大，每只蛋够两到三个人吃，但这三枚蛋更多只是为了让大家尝尝味道。一个人询问他们是否可以得到更多蛋。本尼回答道："可以，但我们从不赶尽杀绝。我们想让一些小鸸鹋顺利孵化出来，这样它们的总体数量不会减少。"

到了约第十二天，他们遇到了八具中国人的尸体。幸运的是，第九个人还活着——只是勉强活着。那个人在喝了水，吃了东西，还吃了一些本尼挖出的药草后逐渐恢复了过来，并和他们一起前行。他说他们付了全款来到澳洲，由于没经过中间商人，所以花费更低一些。他村子里的所有人都资助了他，期待他能给大家带来财富和荣誉。他们带的钱不够进入维多利亚州境内所需的10英镑税款。有人告诉他只要走两天就能到达金矿区，一个叫做巴拉腊特的地方。

鸸鹋是一种不会飞的鸟类，当它们在陆地上漫步时，它们的长腿可以帮助它们以极快的速度长时间地奔走。它们的脖子很长，可以够着两米高的地方，是这片广阔大陆上体型最大的鸟类。它们生活了数千年并且完美适应了无法预知的恶劣环境，它们可以几周不进食，几天不喝水。

澳洲原住民被称为这片大陆的“传统所有者”。他们永远不会说自己是所有者，他们过去是（现在仍应是）大陆的“传统看护人 / 监管人”。

成年鸸鹋（图片来自 Pixabay）

当他看到两名原住民带着整支队伍时，他害怕了，因为他说他之前的队伍也有三位原住民被派来领路。

他们在出行前必须先付清报酬。土著人带着队伍走了两天，大家都很信任他们。但是当他们第三天早晨醒来时，发现三个人都不见了。“他们还拿走了我们的一些食物。”他情绪太激动了以至无法继续说下去。平复心情后，他说：“这些人都是坏人，他们都跑了，他们是野蛮人。”王彩觉得加里肯定值得信赖，他和加里在火堆前度过了多个夜晚。他试图向那个人保证加里和本尼都值得相信，因为他俩从未要求过酬劳。他们这么做只是因为这群中国人遇到了麻烦。

当王彩一行人深入维多利亚州后，他们遇到了更多的山丘和树木。作为一个农民，王彩推断如果有更多水，这将会是一片多产的土地。这样的想法总是不免让他想起自己的父母。他知道他会让他们骄傲。

天气仍然很炎热。一直以来，加里都会去寻求当地部落的许可，让他们带着对土地的敬意穿越对方的领地。他们从未遇到剑拔弩张的情况，而且总是能得到帮助。偶尔，王彩会遇到一些人告诉他和他的人不得在其领土上停留，而且不能去任何神圣的地方。王彩始终尊重他们的要求，并因此匆匆穿过那些部落的区域。在每次会面中，加里都会请求部落的人指导和指引自己寻找饮水和容易捕猎的地方。

在一次讨论后，本尼报告说，他们应该在两天后就能抵达“他们要去的本迪戈”。大家都欢呼了起来。

***

王彩不仅掌握了英语，而且还学会了土著的语言。本尼帮助他学习了一种通用语言，一种很多不同部落的原住民都使用的语言。

听本尼他们谈论对精神和土地的信仰，土地是如何有灵性的，再联想到与中国道家学说的相似之处，王彩被深深吸引住了——万物必须平衡，阴与阳，以及存在平衡整个宇宙和万物的绝对原则。在此基础上，必须遵循一种方法或准则来实现自然的秩序和融洽。所有疾病和厄运都可以归咎于这种失衡。就像“原住民传说”一样，真相只有一个，而那个真相是看不见的。两者都告诉我们，你无法将人与土地，或是树木、河流分开——万事万物皆相互影响，我们所做的或所想的对于其他所有事物都有影响。

在王彩的村里，大多数人都信奉道教，因此村中少有犯罪或打架发生。加里和本尼告诉他，尽管他们有一个部落，他们并不拥有这个部落，他们只是管理部落的人。他们必须将土地以“原本的”样子传给下一代。另一个与中国道家学说的相似之处，是我们之前提到过的他们的 Miwe，因为在道教中，聆听你的内心、你的直觉或你身体中的其他部分是很重要的。

在长途跋涉中，王彩有很多时间来彻底想清楚一些问题……

这些土著人似乎是古代人。他们花了数千年的时间来理解这些原则，以及更重要的问题，这些原则是否有效。和道家学说一样，到目前为止没人真的知道它起源于何时。道的意思是道路，也就是尊重土地，尊重神灵，尊重祖先，尊重他人的真理，也是尊重自己的真理。

想通了最后一句话，王彩发展并实践了自己的理想，在之后的故事中，你会发现王彩表现出的很多行为都是这种理念的成果。

***

他们越接近本迪戈镇，遇到的人也越多，有些是黑人，大部分是白人。他们还遇到了一些说着不同方言的中国人。交谈时，他们获悉，“你认为走到这里已经很难了，在这儿工作会更难，我们就像一条深入地下的蠕虫。”他们听到了很多有关死亡与贫穷的故事，却少有关于发财的故事，虽然大部分人确实挣到了钱并加以善用。

王彩认为在小镇边缘扎营是个不错的主意，于是让傅聚和常翻译去镇上找商人。他们回来后说商人明天早上会过来。他们还分享了镇上的见闻：“人们挖了成百上千个洞寻找黄金……很危险，这样不好。”还有人在他们经过的小溪中淘金。镇上有很多鸦片屋，每天人满为患，还有叫做酒吧的地方，很多人在里面喝得酩酊大醉，而且看起来已经醉了很久了。

***

商人在得知向导摔死了，并且队伍里有了一位发言人以后并不是很开心。起初当他们看到发言人是那个刚满十三岁，才长高了一点点个头的王彩时，他们还以为他很容易对付，但不久后就发现并非如此。经过讨论，王彩为加里和本尼平安把大伙带到本迪戈的功劳争取到一份报酬。他还严厉谴责了商人的贪婪，抱怨了他们在船上所受的虐待，以及缺乏长途跋涉所需要的足够食物。讨论时所有人都在听，很多人喊道："根本没有足够食物，而且食物都腐烂了，你们一再欺骗我们，骗子，骗子。"

王彩还告诉商人，他会写一封信寄回家乡，告诉其他所有人他们是怎么被对待的。但事实上他并不会这么做，因为倘若真的这么做了，他会让他的父母和亲戚，以及所有人的父母和亲戚难过。大家之前已经讨论过此事并达成了共识。然而，这些被金钱蒙蔽了双眼的商人需要得到教训，同时也希望未来追随他们脚步而来的其他人的境况会有所改善。

***

那些身体状况良好、第二天就可以开始工作的人被分配到了不同的金矿区，这些金矿区全部由白人所有或运营。工作又苦又脏，从日出到日落，一周六天。

王彩似乎被分配到了最危险的矿井之一，可能是那些商人故意为之。但王彩毫无怨言，只是竭尽全力工作。有些矿井开采出的黄金比其他矿井要少，而这正是王彩所在矿井的情况。收入不多，在领到一半薪水后，他非常谨慎地把剩下的钱存在了专门保管钱财的中国人那里。

除了以下简短的概述外，我不会花太多时间叙述王彩挖矿期间的故事。

王彩一行人到本迪戈的时候，恰逢本迪戈“淘金热”时期，一切都不同于往常。当时那里开采的黄金比世界上任何一个地方都要多。不仅中国人来到这里，世界上很多其他地方的人也都来了。那是一个激动人心的时刻，当时大部分人过着艰苦贫困的生活，因此黄金的诱惑和刺激使得成千上万人蜂拥而至。其中很多人是盗贼、流氓和无赖，但也有很多诚实、努力，只想在生活的重担下停下来喘口气的普通人。在一个 97% 的人口都是男性，几乎没有法律或法律存在偏见的不平衡社会，总会有妓女这样的极端群体和试图拯救灵魂的教会之人出现。

现在的华人社区远远不只有王彩这批人，他们大多工作勤勉，下定决心要善用时间让父母为之自豪，同时也为自己谋生——大多数人也都做到了。

王彩一行人到来的时候，正是易开采的黄金——砂金被挖掘一空的时候。因此，他们不得不在艰苦、危险的深井下工作，在该地区有 5000 多个这样的矿井。

王彩被分配到一个 900 米深的矿井（请记住当时是 19 世纪 50 年代）。他至少有十多个朋友由于被滚石砸到或矿井塌方而殒命。有一次，王彩很幸运，当时有一块大石头从上方滑落，而且滚下时悄无声息，幸好大石头只是擦伤了他的右肩外侧。如果那块石头是靠近他脑袋掉下来的话，他或许当时就被砸死或至少残废了。

还有几次，他在外面遇到了几乎和在矿井里工作一样危险的场面——不同种族之间的冲突和打斗。王彩几乎每周都要被叫去代表他的中国同胞进行劝说、干预和调解。他并不是每次都成功，但因为为人机敏和对双方公平公正而享有声誉。甚至有几次他被叫去调解矿主和他们的欧洲工人之间的矛盾。

王彩没有浪费自己的业余时间。在学会说基本的英语后，他去了一家华人社区学校，该学校是为了教授那些想要学习阅读、书写英文的人而设立的。他会在工作结束后去那儿学习，一周四次。

两年后，他对商人的承诺到期了。他在英语的说、读、写方面都有所精进——他觉得如果想要发家致富，这些能力是必不可少的。

占用他业余时间的另一项活动，可能是观察本迪戈市郊的土地，那里有河流，也有通往城镇的道路。在结束矿井第一天早上的工作后，他知道若不是身在屋檐下，自己不会在这里多工作哪怕一天。他看得出来，在矿井和支持性产业中工作的中国人普遍吃不到可口的中国菜。他知道食物就像他们的命一般重要，吃不到优质的中国菜，几乎和无法与中国媳妇在一起一样令人沮丧。他打算预付一笔定金以购买几英亩的土地，并建立一个以中国农产品为主的菜园。他觉得种植这些产品并将它们直接销售给华人社区可以让他更快地打入市场。

他问傅聚是否愿意成为他的生意伙伴：“傅聚，你比我的亲兄弟更亲，我们曾在船上滴血起誓，又一起来到这里。我们从那时起就一直形影不离，我们必须要一起做这件事。兄弟齐心，我们可以收获财富并让家人为我们骄傲……”

本尼和加里一直留在本迪戈的金矿区域，他们在那里从事着各种各样能找到的零工。本尼和一个来自当地原住民社区的女孩相爱了，即将迎来爱情的结晶。加里也留下来了，因为他想待在王彩身边。他们原本可以在矿井工作，但是他们拒绝了，他们说他们的肤色可能和蚂蚁一样黝黑，但蚂蚁可以在地下活动而他们不行。当王彩询问他俩是否有兴趣为他工作时，他俩欣然接受了这个机会。他们对园艺一窍不通，而且对此也不是太感兴趣。不过他们做了许多其他的工作，比如建造居住用的棚屋、存放东西的小仓库和工作区域，而且在王彩的监督下，他们还帮忙挖灌溉用的沟渠。在沟渠挖好之前，王彩和傅聚从流经边界的小溪里取水来种植农产品。他们每人都挑着两只水桶，水桶被绳子绑在一根横放在肩膀的棍子上。他们就这样从陡峭的山坡走到小溪边，然后肩扛装满水的水桶再走回来，来来回回走了上千次。

王彩和傅聚已经把大部分钱花在了土地的定金上，因此付不出两位原住民的工资。加里和本尼此时已经对这两位中国人产生了好感和信任，因此愿意继续为他俩工作直到第一批庄稼卖出挣到钱为止。王彩和傅聚用光了所有的钱，但他们还需要一些工具和设备，还需要播种用的种子，赖以生存的食物就更不用说了。当然，起初白人经营的银行很少愿意借钱给中国人，于是王彩他们从中国债主那里获得了有限的资金。

王彩在那个地区生活了两年，向当地的白人和中国人证明了自己是一个诚实、勤奋、冷静而且不吸食鸦片的人，并由此赢得了他

澳洲蜘蛛

澳洲蜘蛛大约有 2900 个品种。在有毒品种中，最常见的是红背蜘蛛。事实上，我年轻时曾被一只红背蜘蛛咬伤过脚。不出一个小时，伤口就又红又痒。四小时后出现肿胀的情况。第二天早上，我的脚已经肿得穿不上鞋子，疼痛感也加剧了。我头疼还犯恶心，三天都无法去工作。幸好我在一周内完全康复了。但正如我所说，我当时年轻力壮身体健康，如果我当时年老体弱的话，可能就坚持不下来了。

若被漏斗网蜘蛛咬伤但不及时就医，可能会因此送命。

红背蜘蛛（图片来自 Pixabay）

根据澳大利亚国家博物馆的资料，1857 年，本迪戈地区的人口中中国人占 40%。

在采矿初期，中国人的工作效率远高于西方人。他们组成不同的小组或团体，通过分工合作来支持整体。

比方说，有些人是厨师，因此当矿工们休息的时候，他们会提前准备好饭菜。厨房是公用的。有些人会种植蔬菜。还有一些则建造了支持社区用的棚屋或其他建筑。

然而，欧洲人以约五人的小组形式工作，但当他们结束一天的矿井工作后，他们得自己照料自己。

因此中国矿工可以在矿井里工作更久。所有获得的收益均由全部贡献者共同分享。

欧洲人直到后来才变得更有组织，但这是通过公司筹集资金的结果。

们的信任。

王彩希望以他朴素的道家信仰，为自己刚起步的事业取一个朴素的名字，所以简单地称之为山东菜园，菜园带有一个中国农民戴的圆锥形稻草帽形状的标志，草帽帽檐很宽，可遮挡阳光。王彩特别用英语而不是中文来命名菜园，因为他知道，如果他未来想要拓展生意，他需要与白人商人建立工作关系。

由于本尼和加里并非来自本迪戈的当地部落，王彩请求他俩与管理这片大陆的当地部落人民取得联系，并询问是否能允许他们怀揣着敬意在土地上耕种。加里还建议他们在这片土地上安排一次仪式，并请求他们祖先的保佑。

仪式当天起初又冷又下雨。然而，仪式开始后，这片土地像是已经作好准备了一样，太阳出来了，带来了暖意。当地部落的人也请求了祖先的保佑。

冯，那个曾为大家主持祭祀仪式的人，也在现场请求祖先保佑这片土地。人们点起了香烛，打起了鼓。一条由六人操作的小龙也被借来游行，绕着圣火到处跑来跑去——这让土著人民乐不可支。

当王彩发言时，土著人民发出了惊叹。首先，他用英语问候了所有人，之后用的是他的方言，再之后用的是本尼教他的通用土著语，他用他们的语言欢迎了每个人。他的发言中穿插了三种语言，他谈到了他们与所有人以及土地之间的关联，谈到了将如何带着对土地的敬意和对在土地上工作生活的人们的敬意来经营山东菜园。

原住民们很高兴，因为王彩可以用土著语和他们交流，而且他的发言中带有对土地的热爱和敬意。那些被邀请或出于兴趣到来的白人认为他是在胡言乱语，他们认为，唯一对土地种植业的发展和繁荣起到决定性因素的，是农民的专业知识和技术，当然还有适宜的气候。后来，在仪式结束后，大家举行了一个聚会，聚会里充满了敬酒、欢呼和干杯的声音，白人试图说服土著人和中国人放下与祖先的联系和尊重土地的愚蠢想法。土著人中的长者、王彩和傅聚都没有浪费时间说服白人接受相反的观点。对于土著人和中国人来说，他们两个群体之间彼此理解就足够了。他们知道该怎么做，因此没必要说服这些白人。总体来说，这些白人还是挺友好并乐于助人的，他们对山东菜园未来的成功发展也很期待，想要在未来几个月、几年中跟进菜园的进展，看它是否真的能取得成功。

在山东菜园进入生产阶段的第二年，一些白人农民和商人企图让菜园关门大吉，因为它的存在抢走了他们太多生意。与此同时，菜园出现了一些被蓄意破坏的情况。由于加里高超的追踪能力，这些肇事者很容易被抓获。当这个原住民带着他的野狗咆哮而来，外加五十来个中国人一起找到肇事人时，肇事人往往被吓得惊慌失措。这些罪魁祸首一般都会供出付钱给他们搞破坏的真正的幕后黑手。

当华人社区里的其他成员听说有人想要让山东菜园关门时，他们威胁那些农民和商人，说今后再也不会去他们那儿买东西。从那以后，山东菜园再也没遇到过类似问题。

随着山东菜园的规模不断扩大，王彩和傅聚还清了所有贷款，包括加里和本尼的工资，并在小溪的另一边额外购置了一块土地。除了蔬菜，他们的产品还包括猪肉、鸡肉和鸭肉，后续还增加了牛肉。看样子，当地居民对山东菜园真是乐而不厌呀。

之后，菜园种植了水稻。当时仅有的水稻是从中国进口过来的。这种水稻爬满了象鼻虫，而且价格昂贵。王彩有次回国时学习了如何在水少的地方种植水稻，于是山东菜园也沿袭了这些方法，在不消耗太多水分的情况下成功种植出大米。这样的情况延续了很多年，直至维多利亚州政府在天鹅山附近的墨累河旁分配了大片土地给大公司种植水稻。王彩和傅聚当时年纪已经大了，所以对此觉得无所谓，但水稻种植在他们公司的发展中起到过重要作用。

傅聚第一次从国内回来后还种了一颗柚子树。这是一种柑橘类的果树，原长于东南亚，能长出硕大的黄色果实，果肉甘甜洁白。它有时被称为中式葡萄柚。普通话中的柚子还带有“保佑”的含义，因为这种水果被认为能带来好运。这种果树，或者更确切地说是它的枝叶，还被用来欢庆中国农历新年。

山东菜园如今已发展为一家大型企业，与包括中国餐馆在内的其他行业一起进行投资，在华人社区中备受欢迎。随着时间流逝，白人也开始在中餐馆里用餐，并对数百年来一直能满足中国人口味的食物产生了兴趣。他们喜欢口味清爽的蔬菜、米饭、肉类和精挑细选的、能够让菜肴色香味一应俱全的调料。不过，仍有一些食物是白人避之不及、不敢尝试的，比如鸭肠或鱼眼。有些白人乐于将中国人视为野蛮人和下等人，部分原因是中国人喜欢烹饪一些“非常特殊”的动物部位。

山东菜园和当地土著人之间的友谊与合作不断加深，两个种族都是种族歧视的受害者，也因此结下了友情。就各种殖民地宪法或后来的澳洲政府宪法来看，原住民甚至不被视为人类。他们在宪法中被描绘成动物和植物（灌木、鲜花），而中国人不受欢迎是因为他们抢走了澳洲白人的工作。那些澳洲白人（至今仍有一些）畏惧中国人，因为他们根本不屑花时间去了解中国人。这些都是狭隘的观点，无论过去还是现在。

山东菜园的管理者支持与当地土著社区建立友谊。土著人也接受了这段友谊，两种文化都得到了尊重。当然，双方都有不接受对方种族的人存在。

在山东菜园的早期，本尼和加里虽不是农民出身，却教给王彩和傅聚很多关于澳洲丛林和土地方面的知识。王彩和傅聚进而将这些知识运用在农场的日常管理中。比如，他们了解到某些品种的桉树的树皮是很好的覆盖料，可以覆盖在农作物上以防止水分在烈日下蒸发。他们还用树皮做了绳子和铺在人行道上的毯子。他们能在田园里使用的最好的肥料，是从在该区域栖息的袋鼠身上收集的小圆球（排泄物）——先把它们浸泡在水里，两三天后再将水倒在田园里，之后收获的农作物大小会翻一倍。这些做法都是保密的，所以白人农夫永远弄不明白山东菜园的农产品怎么永远比他们自己的更大、更健康、更美味。

中国人也教给土著人在诸如经营农场等方面的实用技巧，因为很多土著人为了养家糊口开始种菜。他们还教土著人畜牧业方面的知识和技巧。

多年来，中国人见证着孩子们在土著社区出生并成长。两种不同文化都渴望互相帮助。白人对这两个社区的排斥是不可取的，但他们的存在确实帮助这些社区团结起来，建立了牢固的纽带。

大约在这时，王彩才成为真正的政治家并为当地人民发声。这里说的人民不仅是华人还有其他所有人，因为王彩看到的不是肤色或种族——他只看到了人。

有一次，王彩被叫去调停一场暴乱，因为维多利亚州政府再次对华人征税。这显然是为了限制在澳华人人口的增长。在本迪戈市政厅外举行了一场当地议员的会议。大约 18 名华人聚集在一起并要求进入市政厅面见这些议员，但是警察禁止他们入内。华人一边推搡一边大喊道："为什么对华人征税？华人工作那么辛苦，挣的钱却很少，我们要付所有其他的税款。我们付不起更多税款了。为什么要把华人和其他人区别对待？我们遵守法律，我们是良民，我们想要和外国人成为朋友——为什么不让我们这么做呢？我们没有给政府或警察制造任何麻烦。我们宁可入狱也不交这'莫须有的税款'。"

王彩先安抚了民众的情绪，因为他得到了一些议员的承诺，他们会在午休时出来听取民众的声音，而且之后也确实这么做了。他们承诺会将这些人的诉求上报给墨尔本议会。

***

王彩在漫长的十六年之后才有缘回国。他一直寄钱回家，甚至花钱把他的四弟接来澳洲。他的回归有种荣归故里的感觉。这次他给自己雇了一辆马车——他确实需要，因为他给父母和兄弟姐妹带了很多礼物。他永远看不到他的祖父母了，因为他们都已经过世了。

海中的危险

澳洲海域经常发生鲨鱼袭击人的事件，这种袭击通常会使人致命或让人断胳膊少腿。澳洲海域还有其他恐怖的生物，一旦被其刺伤或咬伤同样会丧命或受重伤。

蓝环章鱼栖息在海岸的潮汐潭中。它们会发出不断变化、色彩斑斓的蓝色光圈，再加上身型很小（直径约 50 毫米），因此很容易引起人类的兴趣。当人们把章鱼捡起来放在手掌中把玩，沉醉其中时，它们会趁机将触须刺透手掌的皮肤，从而注入毒液。首先出现的症状是人的身体麻痹，然后几个小时内，这个人可能就死了。一篇报道曾说过，一只蓝环章鱼拥有足够毒死 26 个成年人的毒液。

箱型水母

某种箱型水母的毒液非常厉害，它被许多人认为是地球上毒性最强的生物。这种水母的触角会让人极度痛苦而且可以致死。它在水里移动迅速，会撞上在其游动路径上游泳或泼水的人类。携带毒液的小纤维可以让人类的心脏在 2~3 分钟内骤停。但治疗的方法也很简单，只要受伤的人一出水就在伤口位置抹醋即可。伤者还需要入院治疗。这种水母不是澳洲本土的生物，而是从世界其他地区的热带水域中通过信风和洋流迁移过来的。

石鱼

在水下看到石鱼时，它就像一块石头。人们通常只有在石鱼受惊的时候才会看到它，它会露出一排带有毒素的长刺。当长刺竖起来时，毒液会被注入人类的脚。和水母一样，石鱼中毒会让人极度痛苦，而且很快就会由于心脏骤停而死亡。如果治疗迅速的话，可以完全康复，但是到疼痛感消退可能还需要数周时间。

我觉得我说了太多种水中的危险了，如果你哪天来澳洲观光的话，可能就不会想看看我们美丽的水下风光了。

蓝环章鱼（图片由詹斯·彼得森拍摄，CC BY 2.5，https：//commons. wikimedia. org/w/index.php?curid=1430987）

快到村子的时候，他的内心产生了复杂的情绪。知道能看到自己的父母和兄弟姐妹，让他感到心里很温暖很开心，但想到他的祖父母又让他心碎。慢慢接近村子了，他看到一群人在等待着，好像在欢庆某个节日一样，而且他确实有种过节的感觉。当他再靠近一些，村里的年轻人都按捺不住心情，不等马车到达就率先向他跑了过去。王彩也急不可耐地跳下还在前行的马车，跑向了人群。

当他跑到大门口时，周围尽是欢声笑语，还有高兴地跳来跳去的孩子们，他回想起这个地方的艰苦环境、恶劣的气候以及这里的生活曾是多么难熬。一些老年人已经不在人世了，取而代之的是东奔西跑的小孩子们。

到了门口，很多人都来和他握手问好，有些人拍了拍他的后背，大家都很开心地笑着，就好像救星到了一般。他们就是这样看待王彩的——一位救星，因为他给父母寄了不少钱。这些钱并没有全留在父母手上，其中很多都捐给了村委会以帮助其他走投无路的人。忽然，他的母亲走到他面前，紧紧握住了他的双手，眼眶里饱含着喜悦的眼泪。她情不自禁地说:“我的孩子……我的孩子……你回来了，你终于回来了。”父亲的脸庞也出现在他面前。他对长子的爱和喜悦之情取代了平时的拘谨。他也握住了王彩的手并给了他一个拥抱，三人相拥在一起喜极而泣，脸颊因泪水而闪闪发亮。

王彩不知道他们站着拥抱了多久，直到母亲说了一句“来，那边有给你准备的好吃的”时大家才回过神来。王彩知道等着他的都是他最爱吃的东西，进屋后，他从未见过那么多的好吃的。整个村里的人都出力为他准备了这顿特殊的回归大餐。

澳大利亚野生动物的致命性

我在前文已经讲述了澳洲丛林或水域中潜存的危险。但是，综合这些危险来看，每年可能只有低于 50 例致死事件。比如，大部分蛇类在感觉到人类走路发出的震动时会溜走（并非所有情况都是如此——虎蛇不仅会直立起身子，通常还会冲向路人）。蜘蛛方面，在露营时，要谨慎使用带拉链的帐篷，或对房屋进行筛查并定期清洁以消除它们的存在。海洋生物方面，众所周知不要在石鱼出没的热带地区光脚走在水里。大多数澳洲人都对蓝环章鱼的信息了然于心。当然，一提到鲨鱼，所有人都会提心吊胆，都要避开它们。

如果你未来去到这些海岸，一定要了解水中的危险并注意安全。

《阿格斯报》，1864 年 4 月 11 日

在蔬菜展示会（指一年一度的乡村集市）上，一位来自春溪，名叫钱奎因的中国人赢得了六七个奖项，而欧洲人的菜园在这个干燥的季节已经彻底干涸了，这位勤奋的中国人通过灌溉，种植出了一系列农作物。水和肥料是我们来自天朝的访客（如果能这么称呼的话）在园艺方面取得成功的两种秘方。这些耐心而勤劳的人们每天都提着他们的篮子从旅店的马厩里带走垃圾。

《阿格斯报》在 1865 年 1 月 3 日谈到耕种时报道

中国人并不是将所有肥料都撒在土壤下面（英国人一般会这么做），而是将一部分肥料撒在地面上，下面埋着种子。大面积浇水的作用是洒下液态肥料，而肥料中的稻草可以保护土壤免受阳光直射……在这些人的精心照料下，种子的生长速度快得惊人，其结果是，很多成品（农产品）既多汁又嫩滑，而且不容易枯萎（腐烂或感染）……中国人光着脚，一路小跑着，每天提着约 1000 桶水，浇灌在农作物上。请记住，根据英式种植的概念，只有日出和日落才是安全浇水的时

（待续）

房间里的每个人都想和他说说话，摸摸他的手臂，给他一个微笑。村里一些年长的妇女用双手捧起他的脸，仔细端详着他脸上的纹路、皱纹、眼睛，寻觅着她们记忆中那个性格温和的男孩。他现在已经是个大人了，而且很明显他的脸上呈现出生活中所经历过的苦难，但她们可以看到那个背井离乡的男孩，正是站在她们面前的这个人——这正是她们想要看到的。她们不想看到一个被生活击倒的人，或是一个醉心于金钱或权力的人返乡。她们满心喜悦地走出屋子。

他想把所有美食都吃了，但是过于兴奋，安定不下来，所以即使屋子里围满了人，他还是对二弟说："来，带我走走，我们去田里走走。"

什么都没变，一切都和他当年在的时候一模一样。田里多了一些帮助干农活的现代工具和器具。这些东西都是靠他寄回的钱买的。看着这些东西，他意识到自己当初在船上做出的自己照顾自己，自己对自己负责的决定多么重要，对于他的成长起了多大的帮助。他仍是一个未来还有很长的路要走的年轻人，尽管这一路走来并不容易，他依然很庆幸父亲当时坚持让他出国。

回到家里，其他乡亲们都已经走了，只剩下他和他的家人，这对于他来说是很特殊的一刻。他的父亲带他出去聊了很多东西。父亲的头发灰白了，背也驼了，那是因为在田里劳动了数千小时。他们谈到那天他坐着马车和其他孩子离开的时候，父亲说："看着你走，我和你母亲的心几乎碎了。我知道你能活下来的，我知道你很坚强。现在看到你站在我面前，看到你是一个……一个成功的

（续上文）

候。中国人一天浇三次水，其中一次是在阳光正烈的时候。

毫无疑问，浇水的频繁性和规律性使得该系统既安全又成功。疏于保持水分是致命的……中英耕种方式的另一个明显的区别是种植的紧密性。这么做不是为了节约空间，而主要是为了节省浇水所需的体力，以及使农作物保护土壤，免受阳光照射。例如，将生菜和洋葱一起播种，并在一定时间后把生菜移走，以免干扰洋葱的生长。如果单独种植生菜，它们之间的距离不能超过10~12厘米。这样生菜就会长成一团，而且由于彼此之间的压力，生菜的菜心很快就成型了，还有长高的趋势。在使用液态化肥时要格外小心，别碰到作物，而且要交替使用化肥和水。与水坝相邻的土壤是最贫瘠的，由坚硬、干净的碎石组成，与植被截然相反，而且在被破坏之前这些碎石看上去就像公路那样光秃秃的。大约一个月前，两名中国人认为这片地区是一个合适的地方，于是开拓了一大片土地……这片土地现在看起来可能是该区域最优质的、最绿色的中国白菜和法国豆的种植地之一。

同样来自《阿格斯报》，1866年7月14日

他们的风格没有变化，在殖民地所有的中国菜园都是一个样。在任何情况下，一排排长长的、高低不平的、营养良好且水分充足的菜床都会让人眼前一亮……在许多方面，他们的模式和英国菜农所遵循的模式迥异。他们在菜床上铺满肥料，保持地面水分充足，并且几乎总是选择在太阳完全升起的时候浇水，以促进所有植被的生长。在夏季，蔬菜的干燥方式与其他菜园（特指欧洲菜园）不一样，它们会以惊人的速度生长。这可能是由于它们始终浸泡在水里的关系。长长的、不规则的一排排菜床完全没有杂草，因为频繁锄地，任何野生植被都无法生长。中国人种出的蔬菜既新鲜又嫩滑。如果没有这些勤劳人民的辛勤耕作，那市场就完全没有供应了。

人……你让我非常骄傲，我的好儿子。”他们再次拥抱，王彩感谢父亲作出的那个决定：“我当时很生你的气，因为你把我和你，和母亲，和家里人给拆散了。但是我现在知道那是在对的时间走了一条对的路，如果我为你和兄弟姐妹们带来了金钱和荣誉，那我也感到无比快乐。”

***

王彩在家里仅仅待了一个月，因为他还得赶回去，在雨季来临前帮忙准备下一季的播种。他回归家乡时非常高兴，而离别时却很伤感。他已经爱上了现在这个供养了他和很多同胞的国家，但是他的家乡和传统也深深地嵌在他的心中，就像腿是身体的一部分一样。现在，他还有一个更伤感的原因，那就是他找到了真爱。这并非他的本意，但当第一天郝（音）在众多乡亲离开后踏入屋子的时候，他就对她一见钟情。他们二人童年时曾有过交集，而且郝就住在泥路上的第六间屋子。当王彩在澳洲的时候，他经常会想起她，也很喜欢她，但是比他小四岁的郝当时只是一个八岁的小女孩。他从未想到她可以成长为一个女人，一个亭亭玉立的女人。王彩看得出来，郝对长辈很尊敬，而且她知道什么时候应该安静，不去打断别人。即使孩子们因为沉浸在宛如节日的气氛中像疯了似的到处乱跑，她还是对他们很温和。她来家中打过招呼，还询问他是否仍记得她。

在王彩出发前，郝是他最后一个道别的人，而且道别说得很简单。他看着她的眼睛，问她是否会等他。她说："我从八岁开始就一直在等你，再多等几年也不会怎么样的。"她问他是不是想淘到更多黄金。

"不，"他说，"假设我今天找到了金子，然后我就有钱了，或许明天钱就没了……有黄金在手，我能找到很多漂亮的女郎，但我想要你成为我的妻子，和你一起养育孩子。"他告诉她，他还没准备好把她接去澳大利亚，因为他想要建一个更好的房子，让她过上更好的生活。那里的政府也感受到了来自华人社区的压力，逐渐允许中国女子随行。因此，他希望在未来几年内能够回来把她一起带上。

等到条件成熟，王彩第一时间就这么做了。他和郝一起定居澳洲，还生了三个可爱的孩子。这是一个充满欢声笑语，而且经常有朋友来访的家庭。

***

几年后，山东菜园的各项经营由王彩的家人或他信赖的人负责，其中也有很多白人，因为澳洲的政策改变了，而且中国人的境遇也大大改善了。还有很多是原住民，有些是他刚到本迪戈时出生的原住民。

王彩仍然关注着生意，但此时他有足够的时间进行其他工作了。他不仅一直帮助贫困人群，还是一个反种族歧视者，为了各种慈善事业坚持不懈地游说政府。王彩成立或支持为所有人的公平和正义而奋斗的组织，他是至少十二个不同慈善机构和组织的董事会成员。他每周至少一次会被邀请做演讲，大多数时候演讲的主题是相同的，但讲述的故事却不同。虽然他从未提及自己的道教信仰，他所传递的信息都围绕着同情和谦恭有礼、生活的平衡、对所有人保持公平等。他会告诉听众他不是为自己而来，而是为了人民。最后，他会对听众说："没有人民，我们什么都不是。"

他的听众会说类似"你一定十分聪明，才能让你既富有又成功"的话。

"不，"他谦卑地说，"我只是很幸运而已。"

当傅聚和王彩涉足于其他业务领域，不仅在本迪戈地区内，也在澳洲其他地区与中国有往来业务时，他们的子女便接过山东菜园的日常运营。

山东菜园运营了很多年，最终被一个跨国农业公司收购，被并入其价值数十亿元的业务中。王彩与傅聚两人多次回到中国，回到养育自己的故土，与家人重聚。他们每次都会带着自己在澳洲的家人一起返乡，因为想让自己的孩子也能了解中国，喜欢中国，成为"中澳人"。本尼和加里都已是白发苍苍的老人了，他们和自己的孙辈们在一起，享受着天伦之乐。

***

王彩的族系有230名后代，继承着他的基因和遗产。从他的儿女传承给他的孙辈，再从孙辈传承给孙辈的子女，一代又一代，到

现今，几乎所有澳洲人都喜欢吃中国菜，而且中国菜和来自许多不同国家的移民给澳洲带来的美食相处得非常融洽。当你走在澳洲任一城市的街头，你会看到中国菜、意大利菜、泰国菜、日本菜、希腊菜和很多其他国家的菜系。

《阿格斯报》，1866 年 7 月 14 日

所有中国菜农对于殖民地的居民来说都非常重要，对于需要蔬菜的大型社区来说也是一个巨大的收获……如果能够保证大量勤劳熟练的农业工作者在这片土地上定居，那将给殖民地带来巨大恩惠，因为除了我们自己的知识以外，在更温暖的气候下耕作了数千年的劳动人民的知识最有用。

有趣的是，即便到了 2018 年，澳大利亚宪法和很多州立宪法仍未承认原住民的地位——但这并不是澳洲人整体的错误，因为很多人希望原住民得到认可和包容。是联邦政府没有意愿或勇气沿着正确的道路前行。当然，这引起了很多原住民的不满。

当下在澳原住民的人口刚刚超过 50 万，只占整个澳洲人口的 2.8%，比在澳华人人口的数量低得多。

维多利亚州政府征收的另一项税款是采矿许可证。费用是每年 27 英镑 12 先令。这在当时不是一笔小数目。一名矿工如果没有许可证就工作，则会被判刑入狱。然而，当 1854 年尤里卡暴乱发生后，费用下调至每年 1 英镑。

暴乱不仅是由于许可证，还由于所有矿工都忍受着艰苦的工作条件。尽管部队平息了暴乱，造成 27 人死亡和多人入狱，但暴乱确实让矿工达到获得公众支持和同情的目的。

很多参与暴乱的人来自英国。也有些华人参与其中。我无法进一步得到有关华人工人参与暴乱的信息。

了今天，他们遍布在社会的各个阶层。有些人经商，有些人成为了护士或医生，有些人成为了建筑工人和水管工，还有些人成为了计算机程序员和信息技术专员。有些人成为了全职妈妈和快乐的曾祖母，一起照看孩子们。有些人是快乐的曾祖父，在冬日里享受地晒着太阳——他们走在邻近的街道上，和所有人闲聊。很多后辈和其他华人结了婚，有些和原住民的后代或澳洲白人结了婚，还有一些和来自其他国家比如意大利和希腊的人结了婚。他们都知道王彩的故事，而且对他的事迹，对他取得的成就感到骄傲——他们很骄傲体内能流着他的血，继承着他的基因。

和王彩一起坐船漂洋过海、幸免于难来到澳洲的六十多个人中，约三分之二的人在赚到钱之后返回了中国。剩下的很多人在澳洲孤独地生活着，没有他们熟悉的文化，没有伴侣，更没有四处乱跑的孩子们。

王彩要求在他坟墓的墓碑上，刻下最初是北宋时期的思想家张载所著的诗词，他从诗词中悟出了很多道理：

乾称父，坤称母；予兹藐焉，乃混然中处。

故天地之塞，吾其体；天地之帅，吾其性。

民，吾同胞；物，吾与也。

结尾

以上这个故事是我虚构的。这仅仅是一个故事，但我想让你们了解早期来到这个国家的中国人的丰富生活。这个故事是受到我遇到和采访过的所有在澳华人的启发而写的。我认为王彩和故事中的其他人物，比如龚施或傅聚，是所有这些人的结合，或者说，我采访过的所有人是他们的一个延伸。

澳大利亚原住民和中国人的关系

澳大利亚原住民和来自中国的淘金者之间的第一次接触并不顺利。原住民觉得新来的既不是黑人也不是白人，因此他们没有任何参照，不知道如何了解这群人。反之，中国人也畏惧澳洲土著人，所以和他们保持距离。后来，双方对彼此的恐惧都减少了，也建立起了关系。有几次原住民告诉中国人一场猛烈的山火正在向他们靠近；而当中国人担心山火时，他们会向原住民寻求指导和帮助。原住民向中国人展示了如何筑造防火墙。中国人对学习澳洲本地的灌木、草药很感兴趣，对原住民掌握的生态知识非常好奇。很多时候，原住民对于有中国人的陪伴也很开心。

显然，之前内容中提到过的梅光达先生，首先将原住民形容为该大陆的“最初所有者”。

澳大利亚原住民代表团访问中国

2016 年 4 月 11 日：国家原住民电视台，一个澳洲的电视台报道了澳大利亚原住民代表团首次访华的情况。当被问及访华的原因时，代表团回答说他们想要建立关系。这是为了澳大利亚原住民的团结，而且作为积极分子，我们想要在所有少数群体之间展现团结精神。但是我们的主要目的是请求中国政府帮助我们形成一个国际游说团队，向澳洲政府施压，要求他们认可我们。因此，这次访问对于澳洲政府来说是格外尴尬的。当时的一名叫做谢里尔·布坎南的大学生，回忆起在中国受到的热烈欢迎，这样告诉国家原住民电视台的《觉醒》（*Awaken*）栏目："他们为我们铺上了红毯，对我们说'欢迎回家'，给我们一种宾至如归的感觉。我跑向那些大门并和所有人握手致意——我说我想要成为第一个到访中国的原住民（但我敢肯定之前已经有其他澳洲原住民曾到访中国）。"

该代表团是由中华人民共和国政府邀请并出资以团队游的形式访问中国的。他们会见了政府官员以及少数民族自治区代表，比如内蒙古自治区代表。他们特别想要与这些少数群体见面，以了解他们如何能在经验上帮到澳大利亚的原住民。

当时，堪培拉的新闻称该代表团第一次感到自己被作为人类对待。"在自己国家时，我们像动物一样被对待，这也使我们意识到澳大利亚是一个多么充满种族主义的国家。"

代表团播放了一段反映当年堪培拉的一个原住民群体和警方之间暴力冲突的纪录片。这在当时还上了中国的新闻。该代表团着重强调了澳大利亚原住民遭受的长久性虐待。

"我们想让澳洲政府蒙羞——这就是我们出访的主要目的。"

那本由马克·圣·利昂（Mark St Leon）所编撰的《澳大利亚马戏团》（*The Circus in Australia*）一书中报道了来自中国的杂技演员秦福（音），林博以及原住民演员蒙戈·蒙戈和哈里·卡尔代拉一起表演的故事。那是在1861年左右的时候。

1858年，昆士兰州靠近洛坎普顿的地方也曾发现过黄金。约两万名中国人在此地工作。工作不仅艰难，而且中国矿工还不得不与具有侵略性的原住民抗衡，他们对于中国人破坏祖先留下的土地感到不满。当黄金被开采完后，一些中国人返回家乡，而其他人则留在昆士兰州的农场工作，主要从事新兴的香蕉产业。

教　育

几周前（2018年中期），很多新闻报道了有关最新发布的澳洲大学平均成绩，以及中国学生的平均分数比全国平均分数更高的讨论，这意味着，中国学生的表现要好于澳洲学生的平均水平。

我不是一个学者，这本书也无关学术，但我对此有些感悟。这项研究的范围似乎仅限于给出最终结果，那就是，在澳洲，中国学生的平均水平比全国平均水平要高。报告没有指出中国学生的智商是否高于澳洲学生。我对此表示怀疑。可能只是因为中国孩子更努力，可能他们对于成功的意愿更强烈，而且他们的决心也更坚定。我们不知道真正的原因是什么。

逻辑上似乎可以这么说，无论是什么原因，智商更高或学习更刻苦，或者两者兼有，当这些学生留在澳洲并在这里工作时，很明显他们有可能提高各个区域的全国平均水平。对于澳洲来说，拥有智商可能更高并且有决心获得成功的人，在不久的将来和更长时间内都是一件好事。我们经常谈论人才流失，那人才流入又该怎么说呢？

我有这么一个理论已经有一段时间了，那就是在中国和在世界其他地方的大学学习的中国学生数量，几乎和澳洲的人口总数差不多。想象一下，每年毕业的中国大学生，要比居住在澳洲人口最多

据估计，几乎每个在澳洲的中国家庭都至少有一位家庭成员曾上过大学。

很多人相信中国人入读澳洲大学是采取一种先入境再成为移民的软着陆方式。澳洲政府对此予以否认。

摘自澳中理事会网站

中澳商会与澳中理事会合作，澳新银行也为澳洲学生提供了在中国工作的独特机会。澳洲商会中国奖学金计划搭建了一个全面的职业发展平台，旨在培养下一代的中澳商业领袖。

中国孩子学术成就高的原因各种各样。美国的一项针对中国孩子的研究表明，孩子们通常会仿效父母的责任心和良好的职场表现，父母的高要求和高期望也会激励他们取得成功，而且中国父母喜欢将孩子的成绩和他们亲戚的孩子的成绩作比较（Sue，Zane and Lim 1984）。因此，中国孩子的压力源于表现出色才能给家人带来“好名声”，并且在他们无法给家人带来荣誉时，通常感到自己一无是处或产生叛逆心理。

以上信息源自 aifs.gov.au/。

的新南威尔士州的人数还要多，会是怎样的情景。想象一下，这个国家涌现出的高智商高学历的人才，他们只是在数字上超越了澳洲的人口比例吗?

中国博士生的数量可能比澳洲大学毕业生的数量还要多。他们的知识、学问以及增长知识和学问的能力，对于仅有2500多万人口的澳洲来说是惊人的。

在后面的访谈部分，有一个我曾采访过、想要回澳洲读博士的女生，名叫杨（音）。我认为她读博士的主要原因是竞争。在澳洲，博士生并不多见，但中国每年有超过1.5万名新的博士生，而且这个数字上涨得很快。要想在中国取得成功，那一定是相当困难的。

我在上文中说到，我们不知道中国学生的平均水平较高是否是由于他们平均智商较高，或因为需要面对我在上一段中说到的竞争问题而学习更努力。众所周知，每个人的智商都有一定程度的波动，随着每个人的思维方式以及对学习和学问的重视程度的改变，智商可能会略微提高或降低。我认为中国孩子刚开始学习时并不比澳洲孩子更聪明，但是通过不懈努力，他们会“灵活地”适应更高的水平。再加上竞争的环境，情况可能就大不相同了。

无论其他孩子的成绩高于平均水平的原因是什么，如果澳大利亚想要保持竞争力，就必须具备教育上的优势。因此，我们必须保持新知识和新技术的持续引进。不然的话，我们可能会落后。

举个例子，当一名中国毕业生在澳洲的信息技术公司、化学公司、投资公司等地方工作时，他很有可能会帮助加强该公司的知识产权保护，并激发更多对于成功的渴望，正如中国毕业生在澳洲的大学体系中所做的那样。毫无疑问，澳洲学生也非常聪明，他们将会向表现更好的中国学生看齐。这一情况在商界同样会发生。

中国学生可能并非总是更努力，或看起来智商更高，但他们现在正是这么做的，而现在是塑造澳大利亚未来的关键时刻。大规模的人才流入和对成功的渴望将在澳洲的经济增长、科技进步和社会发展方面扮演重要角色。

我曾采访过的来自中国的留学生米歇尔（见后文），对于我上文中的内容有以下感想，她把感想以电子邮件的形式发给了我。

正如我们昨天所说，我认为中国家庭通常比澳洲家庭更重视教育，而这也是为什么中国学生的平均成绩比全国平均成绩更高的原因之一。中国学生通常更内向，更安静。当我们的父母看到我们有空余时间时，总是鼓励我们多学一点。我们在学习的时候也会更认真，而且提高自身水平对于我们来说很重要，但是我觉得澳洲学生更擅长社交。

澳洲学生作为本地人更容易交友，因此更会社交。他们的父母也会鼓励他们多参与体育运动，花在学习上的时间就少了。

在我看来，澳洲学生在学习方面应该具备中国式态度，而中国学生在体育运动和社交方面应该学习澳洲式态度。我曾在新闻上看到四个代表美国队参赛的亚洲人赢得了奥林匹克数学竞赛金牌的报道。有趣的是，获得数学竞赛冠军的是来自美国的亚裔学生。但是，我们很少在板球、橄榄球或那些需要强健体魄的运动中看到中国学生的身影。因此，两种文化都有自己的优点和缺点。中国人需要学习在澳洲社会中培养更强壮的身体和更好的品格，而澳洲人应该学习如何运用他们的才能来改善生活，尽管这个国家的福利系统在这方面能提供支持。

访　谈

以下是我和一些在澳华人所做的访谈。他们来自各行各业。

每一次，我都会把对话内容整理成文字并交由他们确认，每位受访者都会得到一份采访内容的副本，这么做也是为了体现我公平公正并且准确无误地转述了他们想要表达的意思。在几次访谈中出现了重复的观点，所以我把这些内容去掉了，因此有些访谈会显得比其他的短。访谈主要是通过电子邮件或面谈进行的，有一个访谈是通过 SKYPE（在线实时视频）的形式，还有一个是通过电话交流的方式。

无论是书面形式还是口述形式，我都保留了他们的说话方式。我觉得这样的呈现方式更真实可信。

以下访谈不按重要性排序。

***

本

本是通过电话向我传达他的感悟的，因此我没能见到他本人。我们的通话时间不长，可能就 5 分钟左右。我猜他大约 35 岁。我在理解他所说的话方面有点困难，因为他的英文本可以说得更好，而且他说得很快。他有两个孩子，一男一女。他的妻子也是中国人。

你为什么来到澳洲？

我第一次来澳洲的时候是以学生的身份，我爱上了澳洲和这里更自在的生活方式，而且我看到了机遇。完成学业后，我回中国工作了几年，在此期间我准备好了所有来澳洲所需的文件材料。我在这里已经待了 7 年了。

你认为中国在经济方面怎么样？

我为中国和它所取得的经济上的奇迹感到骄傲。有些人说未来几年内，中国将会成为世界上最大的经济体。

因此，规模大是件好事？

规模大本身并不一定，但百姓们生活水平因此而提高是一件好事……我对此感到高兴。

那你会回那里生活吗？

我经常会回去，但仅在假期的时候，并不打算回去定居。那里人太多了，交通太拥挤了，污染太厉害了。我每隔几年都会带我的孩子们回去看看……我想让他们长大后也能了解他们的同胞……他们的祖先。澳大利亚现在是我们的家，我们都很喜欢它。中国是我们的精神文化家园，我们也都热爱它。不知道你是否……明白？

当然。每个人都可以生活在他们喜欢的国家，同时和他们的过去保持联系——毕竟，正是我们的过去塑造了我们的品格。

正是如此。

你从事什么工作？

我从中国进口商品。

这是你曾学习的领域吗？

我读的是工程学，机械工程，但我一个朋友，也是中国人，让我和他一起做生意，我当时很兴奋。

你看着年纪不大，有自己的生意，有家庭，所以对你来说什么是最重要的呢？

你刚刚已经说到了……我的家庭。金钱固然重要，但家庭更重要。在中国，我们的文化是以家庭为中心的，我们过去的家庭，和我们现在组建的家庭。我经常回国的另外一个原因，就是看看我的父母和兄弟。

***

钱微微（音）

“并非所有事情都那么容易”（摘自墨尔本澳华历史博物馆）。

当微微来到澳洲学习时，她作出了很大的牺牲，因为她不得不离开她在国内的先生和两岁大的女儿。失去他们的陪伴令她感到很孤单。但是过了一段时间，她爱上了澳洲的美，并申请留在这里。在获得传统中医学的资质之后，她作为一个技术移民获得批准留了下来。凭借这些资质，她能够将她的先生和女儿接来澳洲。遗憾的是，她的先生仍挂念中国，而且无法适应澳洲的生活，因此返回了祖国。用微微的话来说：“尽管我对婚姻失败感到遗憾，但这是我在澳洲生活所需要付出的代价。好在我的女儿在这儿，现在已经长大成人，正在大学攻读政治学和法学。”

微微自己开了一家诊所，提供包括针灸在内的传统中医治疗服务。

白陆（音）

一个干净利落、长相帅气的年轻人，摩登发型，纤细身材，戴着眼镜，脸上总洋溢着微笑。这位 28 岁的年轻人于 2009 年从中国来到澳洲求学，立志成为一名教师，他现在拥有一个硕士学位以及三个文科学士学位。

在一个周五傍晚，我们坐在一家街边餐厅里进行了一次愉快的聊天，抿着红酒，人们已经开始欢度周末，正在兴头上，气氛温暖又亲切。

他告诉我，他在所有亚洲人中最钦佩的群体，那就是越南人，他们或许在来澳洲以前就经历了最艰难的时光。大多数人来的时候没有接受过教育，当然也身无分文。他钦佩他们的原因是，作为一个群体，他们比其他任何亚洲国家的人群都更会保护、支持自己人。

他觉得在澳洲的华人社区通常不会这么做。他确实有中国朋友，但仅限于那些他真心喜欢的朋友。他想要成为一个世界主义者，因此结交来自全世界各个地方的朋友，包括澳洲人。

我们聊了很多有关他教学的事和他对这份事业的热爱。他教授的科目包括商务管理、历史、中文和会计。关于历史，他没有专门研究过任何领域，他需要教授不同时期和不同地理位置的历史——而在我看来，他乐在其中，因为这使得他可以灵活广泛地了解不同知识。他提到能吸引他的一个领域是“白澳政策”，我在书中之前的章节里也提到过这项政策。

他聊到他班级里的学生，我可以看出，他想要帮助这些充满活力的年轻人激发他们全部的潜能，并对此充满热爱和热情。这很鼓舞人心。但是，这位可怜的教师每天凌晨两点左右才能上床睡觉，而六点又要起床。工作量太大造成了工作时间的延长。显然，当一个人在教育领域过于精通时，他就会承担更多职责。在企业中也是如此——那些真正优秀的人比那些相对没那么优秀的人要承担更多责任，因为管理者试图从他们身上获得最大收益。

当我问白陆在这工作繁重的职位上可能待多久时，他说今年剩下的时间都会待在这个岗位上。之后，如果他的学生取得好成绩，他在争取下一个职位时将有更多主动权。

我们在前文中有读到过中国学生是怎样在澳洲取得好成绩的。白陆的观点是这样的：那是因为中国学生对于取得好成绩的态度更积极，再加上来自父母的压力，以及要让父母骄傲的心愿。这些因素促使他们取得更好的成绩。比如说，他的班里有一些中国学生经常让他多布置一些作业。有时他们不会完成额外的作业，但是大多数情况下他们都会按时完成。

他没有接受过中文教学的培训，但这依然是他所教授的一门学科。尽管他做得不错，但说出来是一回事，教起来又是另一回事了。

谈到白陆的中国血统时很有意思。他很清楚他对澳洲有多热爱，虽然作为一个澳洲人，就像你刚刚读到的那样，并不容易。

我想要被认为是中国人和澳洲人。曾经，一位英文教授提出要帮我提高英语发音。我婉拒了他，因为我想要在这个说英语的国家保留我的中式口音，我想和我的祖先一样被认为是中国人。

我必须加一句，他的英语非常棒，词汇也很丰富，但是带有明显的中式口音。

他继续说：我工作的学校坐落于一个富裕、知名的区域，因此那里的家长对孩子和教师的要求非常高。这给所有人都带来了压力。

在澳洲，他不在华人餐厅就餐是因为觉得餐厅的人只是在糟蹋食物。他喜欢中国菜，但必须是“正宗的”中国菜，只要不是太辣的就行。

我们聊到了中国新年和新年的庆祝方式。

我喜欢一年中的这个时刻。两年前，我的父母从中国飞来与我一起共度新年。今年比较难过，因为我所有的中国朋友要么回国过年去了，要么去其他地方旅行了，所以我只能自己过节。因为不想自己一个人过节，我去找了澳洲朋友。一般在那天我选择不说英文，只说中文，我平时都被迫说英文。同样在中国新年这天，我喜欢只吃中国菜，但因为我和我的澳洲朋友在一起，所以只能吃西餐。这太让人不满了，也让我感到沮丧。大多数西方人不理解中国新年对于中国人来说有多重要，因此他们永远无法感同身受。

当聊到澳洲以及他对澳洲的印象时，他说：

澳洲是个好地方，但生活可能很艰难——你必须拥有强大的内心才能成长和生存下去。它确实为你提供了机会，但排外心理常常会阻碍你前行。比如，几年前我申请了 24 个教学职位，但都因为两个原因石沉大海了：第一，因为我是一个初出茅庐的毕业生，没有经验；第二，因为我是中国人——而其他母语是英语的应届毕业生却在我之前找到了工作。

我很喜欢这个国家，他说，但我认为墨尔本太小了，只有 500

万人口（只是北京人口的 20%)。我去过墨尔本所有还不错的餐厅、咖啡馆和娱乐场所——我太无聊了。这里没有足够的人。我喜欢不同文化的生活方式，想要见到来自世界各地的人，但这里确实仍存在很多冲突和种族歧视事件。有人对我说过:“滚蛋，你个中国佬，回你来的地方去……”

当我询问他是如何应对这些的时候，我可以从他眼里看出他受到的伤害并感受到他的声音在颤抖，但显然，他继续尽己所能地努力着。

在我头几次遇到这种情况时，我会走开，并尽力避免这种情况。但现在我已经在这里生活了一段时间，我已经赢得在这里生活的权利并作出了贡献。现在我会让他们滚蛋。

但我仍从他脸上看到了受伤的痕迹。他接着讲述了一个故事，一个年轻的中国女孩同样遭到了辱骂，这个可怜的小女孩就此被毁了。这件事伤到了白陆。但令人心安的是，种族主义行为在澳洲是违法的（尽管这种情况还在发生），法律的保护加上朋友的支持，让他对此感到更加乐观。

我对我的中国血统感到骄傲，所以我为什么要对他们畏手畏脚呢？他还评价说乡村地区的情况比城市更糟。

我在前面提到过李存信以及他的著作《最后的舞者》。白陆对李存信持批评观点，他说李存信对芭蕾舞的评价太过苛刻。我相信那个时期来自任何国家的几乎所有舞者都会努力练习，以达到训练的严格要求。他提起为了留在澳洲而嫁给澳洲人的话题，并且说到有一次他看到一个二十几岁的年轻中国女生和一个约四十岁的澳洲男人在一起。

这让我感到反胃……他们要么没有道德原则，要么过于容易地打破道德原则。

之所以会聊到这个话题，是因为他觉得李存信和他的第一任妻子、一个年轻美国女孩结婚，也是出于同样的原因——为了能拿到在美国永久居留的绿卡。

白陆一周读一本书，都是英语书，而且大部分是小说。阅读是他在长时间工作中的一种解压方式。

我们结束了访谈并约定成为朋友，保持联系。

匿名者

匿名者（通过电子邮件采访的人）是一位 40 ~ 45 岁年龄段的男性。他从事数据科学方面的工作。他要求不公开自己的名字。

你什么时候来的澳洲？

2013 年年中。

你喜欢这里的生活吗？

是的。

为什么呢？

因为更亲近自然的生活。这里的人们不像在中国一样互相攀比。

你有孩子吗？

有，一个男孩。

你认为自己是澳洲人还是中国人（或者两者皆有）？

因为我从新西兰来，我认为自己是 40% 的中国人，25% 的澳洲

《阿格斯报》，1862年5月16日（关于一场自杀案的报道）

死者在周二晚上上床睡觉，第二天早上，因为人们没有看到他，于是到处寻找，结果发现他上吊了……他把绳子挂在一根树枝上并系紧，以此来上吊自杀。

人们在树下发现了一张写着中文的纸片，经过翻译大意如下：

咸丰十一年，3月11日晚。所有人都注意到了——我，孔休（音），得了病，在花了六七英镑后依然无法痊愈。我对此很抱歉。

经过深思熟虑，我认为一个人在世上富裕和高尚，或者贫穷和低落，都是命运的安排。因此，我吞食了鸦片以了结自己。只要再遭受一次痛苦，我将摆脱未来所有的悲伤。

我的小账目在小盒子里。所有的亲属和朋友都不许为我感到难受。希望所有看到这张纸条的人都能得到天堂的祝福和很多黄金。希望我的兄弟姐妹回家告诉我的父母和妻子，这样他们就能忘了我。希望有关部门在看到字条后，不要责怪我的朋友们。我走错了一步，而且无法回头，就像一盆水浇在马头上一样，剩下的水永远不会和之前一样多。以上就是我的遗言。

（签名）孔休

身在异国他乡，身边没有亲人，还患有似乎无法治愈的疾病（可能是吸食鸦片上瘾），这对孔休和他的家人来说太过悲伤。他带着他的爱和寻找到的黄金回来帮助建设村庄的承诺已经破灭了。这家人在中国的艰苦生活，再加上失去儿子和丈夫的悲伤将会非常残酷。

走在墨尔本的路上，我们经过了一家古驰（Gucci）商店。那里一定有特别活动，因为一条队伍排了约100人，从店内一路排到大楼外一半的位置，所有人都耐心等候着，可能有些人没那么有耐心。看着长长的队伍，尽管是在墨尔本，排队的人都是亚洲人，而且大部分似乎是中国人。这表示来自亚洲的人们重视高质量的产品而且准备好花大钱买下它们，并愿意排队等待。

我不认为我曾拥有过古驰的任何产品，而且我也不在乎。

人和 35% 的新西兰人。（我觉得这些比例的设定很有意思。）

你认为哪里是你的家，澳洲还是中国？

澳洲。

为什么呢？

我的妻子和儿子更喜欢澳洲而且他们不会考虑回中国生活，但我持中立态度。

你喜欢你的华人背景中的哪些方面呢？

谦逊和勤勉。中文流利而且可以理解中国文化的精髓。

你想保留中国文化的哪些方面？

谦虚和吃苦耐劳。

你最喜欢哪部分的中国历史？

三国时代。

为什么？

有很多关于那个时期的故事。而且那时有很多杰出的思想家、战略家以及军事家。在他们身上有很多值得学习的地方，比如诸葛亮在中国历史上是智慧的象征。

你多久回中国见父母和朋友一次？

一年一次。

回去的时候会兴奋吗？

如果不是由于我母亲住在国内，我不会那么频繁地回国。那是一种既兴奋又焦虑的心情。除了探访家人之外，我的压力会很大，因为大多数在中国的朋友都更富裕，而且他们都热衷于了解我在干什么，挣了多少钱等等。有好几次，因为我住在澳洲，他们想要知道我们可以一起做哪方面的生意。如果我在中国没有朋友的话，我一定会更喜欢中国。

你怀念中国的什么呢？

童年和一些食物。同时还有和最好的朋友在一起的大学时光。

中国现在有什么好的地方？

快速增长，城市化逐渐将许多小城市变成了现代化城市，同时改变了人们的行为方式。他们现在变得更有礼貌，对环境的保护意识更强等等。这种变化在年青一代身上体现得更为明显。

你对中国的增长和发展感到骄傲吗？

是的，没错。

你是否觉得在澳洲受到欢迎？

是的。

在财务方面，在澳洲是不是好于在中国？

对我来说，并不是。但我觉得压力更小了。

你喜欢澳洲的什么？

天气，以及独自生活的话，不会有其他人给你压力。

你不喜欢澳洲的什么？

我实在没什么不喜欢的。

你有玩得来的澳洲朋友吗？

有几个。

在澳洲，关于食物方面，你有什么喜欢和不喜欢的吗？食物都还不错。房子呢？我喜欢我现在住着的房子，只是我得自己打理院子。读到这里的时候我笑了起来。学校呢？学校普遍挺好的。但是精英学校的体系让我的儿子和妻子压力很大，在这方面，它与中国非常相似。

你喜欢在这里工作吗？

是的。

你有什么话想对国内的人说吗？

我想说，我有一个拿到博士学位的女同事嫁给了一个做园艺的丈夫，这在中国实在令人难以置信。我想告诉华人澳洲的自然风光很美。

与众不同的按摩

在悉尼唐人街的集市上，一位约40岁左右的中国妇女跟我搭话，她当时跳出来"拉"客。来，你需要按摩。那时我才看到她经营的小亭子。多少钱？我问。15分钟15澳币。行，那我试试。

之后，她一边按摩、轻抚我的颈椎，一边揉捏着我的后背，并告诉我，我叫习，习是我的姓氏，但你可以叫我习。

她问，你去过中国哪里？

我列举了很多地方，当我提到我去过孔子的家乡曲阜时，她告诉我悉尼有一位移民是孔家的第67代传人……当他过世后，他的遗体被带回国并埋葬在孔林[①]。

我告诉她，我去过那儿而且看到了很多坟墓。我想告诉那些没有去过的读者，孔林占地近200万平方米，而且像公园一样，绿树

① 译者注：孔子及其后裔的家族墓地。

成荫。它同时也被列入世界遗产名录。

你在哪里学的按摩？在中国，在来澳洲之前……约25年前。你回过国吗？是的，去年回去过。所以你已经做了25年的按摩了？是的……很难。我一周干5天，剩下2天必须要休息一下。赚的不多，想要多赚点钱，但身体吃不消了……手太酸了。

那你的丈夫呢，他是做什么的？

他在工厂干活，工作也很辛苦，赚的不多。

你会回国吗？不，我会待在这里，这里很好……虽然，中国现在也很好……对于中国人来说很好。你有澳洲的朋友吗？没有澳洲朋友……我所有的朋友都来自中国。我认为在这里待了25年却没有交到澳洲朋友是一件很悲哀的事。

过了1分钟，她说，我给你做个头部按摩……你需要头部按摩……你必须做一个……你的头部不好。你说我头部不好指的是什么意思？

我向她解释，我之前和中国按摩师玩过这样的“游戏”。当时在平遥。在按摩开始10分钟后，那个按摩师说，嗯……头部问题很大……需要按摩头部，只要20元。不用，谢谢。不……头部有问题必须按摩……不用了，谢谢，我的头部很好。那好吧。

几分钟后，嗯，皮肤不好……皮肤非常不好。又怎么了？你的皮肤很差，需要香薰推油。我来帮你，我给你做香薰按摩……很不错的……花点小钱，只要20元。不用了谢谢，我的皮肤没问题。

但5分钟后，她开始按摩我的脚，嗯……脚有很大问题，指甲需要修一下……只要15元，你会喜欢的。不用，谢谢。指甲很不好，必须做一个……我做得很好……你不能让指甲再这样下去了。我和她开玩笑，说我的脚是世界上最好的脚。她听完咯咯笑了，按摩室里其他的女孩子也都笑了。

习也笑了。

我们以朋友的身份告别彼此。她祝我写书一切顺利。

***

陈丹（音）

我和陈丹在一个购物中心里说过话。我当时在商场的告示板上贴告示，希望能为这本书采访一些澳洲华人。陈丹，看上去像是中国人，也在贴告示（他是一位太极老师）。他看到了我的告示并询问我访谈的内容是什么。于是，我们进行了一次即兴访谈，给在旁边打包购物袋到无聊的超市收银员增添了一些乐趣。

陈丹大半辈子都是一位科学家，现在67岁退休了，于是教起了太极。他一边说一边笑（事实上他很喜欢笑），并不只是为了赚钱，而是出于对太极的热爱。

他打了很久的太极，但大概 3 年前才开始教授别人。他看上去很健康，充满活力。陈丹继续说，澳洲人吃蛋糕和垃圾食品吃太多了，他们应该吃得更天然。

陈丹 3 岁时就跟着父母离开中国（即使如此，他依然有浓重的中式口音）。他在加拿大、美国、英国、新西兰都待过，过去 11 年则在澳洲。

我问他喜欢澳洲的什么……开阔的空间。

不喜欢的地方是什么？嗯，这个问题不好说……澳洲对于美国的依赖可能不是件好事。尤其是他们现在有“混蛋”总统特朗普。我俩都笑了。他继续说，除此之外，种族歧视不是件好事……我很幸运，可能因为我的职业是科学家。但是我的很多同胞都遭受过种族歧视。大多数澳洲人都很不错，但是……我猜和很多国家一样，有时一颗老鼠屎会坏了一锅好粥。

你想念中国吗？不会，因为我出国的时候年纪很小。我回去过几次，但更多是以游客的身份。之后他沉思了一阵，想了一下才说道，如果我能更了解中国文化就好了，它比澳洲文化更鲜明。澳洲是一个多元化国家，因此文化比较淡薄，但中国人有着自己的独特文化，这很重要。

他问我为什么写这本书。我说只是出于乐趣，同时因为我的中国朋友觉得这本书会吸引很多中国读者，他沉默了一阵，然后说道，是的，我看得出来，中国人会喜欢读这本书的。

访谈结束后，我们的对话又持续了很久，因为我告诉他我偶尔也教气功，这引发了更多的交流。

如果我再来这个镇子的话，我会约上陈丹，因为他是一个有趣的人。

胡军昊（音）

（这次访谈是现场录制的。）军昊大约15年前跟随父母来到澳洲（他们来自上海），他在医学实验室担任特约顾问。他54岁了，每年至少回一次国。

为什么你会在澳洲定居？是这样的，不是我选择留在澳洲的，是我父母的选择。我认为他们选择澳洲是因为它有世界上最好的教育体制之一。他们第一次以游客身份游玩时，就爱上了这里的自然环境。我也知道对我父母来说，生活方式是重要的一部分。而且，对我而言，这里的空气质量太棒了。

华人都不一样，都很与众不同，但他们本质上其实都是一样的。他们对于自己的孩子有期望，他们想要过上优质的生活，接受教育，保持健康，对邻居有同情心，并为所有人的利益作出贡献。而且毫无疑问，澳洲也从中受益。华人在这个国家是一个很好的族群。

他们也有很多家财万贯的朋友，而且他们觉得在澳洲有很多机遇。最近报纸上有篇报道说，比起其他国家来，澳洲正迎来更多的华人百万富翁。即使澳洲的生活成本很高，但房屋和土地的价格比起中国的主要城市来说仍是相对较低的。大部分有钱的华人在中国拥有牢固的业务关系。我的父亲就是，而且他经常回国。

当我问到，你还有什么其他内容想要补充吗，他接着说道，说来很不幸，但是很多中国游客在这儿造成了交通事故。

还有什么想补充的吗？是这样的，中国正努力严格地对待清洁能源的发展，而且很多中国公司都在寻求在这个领域发展的机会——事实上，这些中国公司正在成为世界的先驱。它们大力投入可再生能源，努力提高能源效率，在减少煤炭使用方面还有很长的路要走。我们现在是世界上最大的太阳能光伏用户，而且是这项技术的领导者（他说这话时表现得很自豪）。我们也在澳洲和海外大力发展风力发电，在维多利亚州有一个 Stockyard Hill 风电项目，这可能是澳洲最大的风力发电厂。

我问他，从事实验室技术员的工作有什么喜欢和不喜欢的东西。我不太记得他之前说了什么，但他接下来说的话让我吃了一惊。我不喜欢的是一些基因

服装

在淘金热时期，中国移民身着他们的传统服饰，毕竟，他们所知道的只有传统服饰，而且这是一种和“家乡”保持文化联系的方式。比方说，在 19 世纪 50 年代，男人穿着长袍马褂，而女人穿着百褶长裙和宽袖上衣。大部分汉族女子都要裹脚，男人则按照法律要求留着满族式的头发，前额要剃光，扎着一根辫子。

在后来的 100 年左右的时间里，传统逐渐式微，中国移民的传统服饰开始逐渐向西方风格靠拢。如今，人们只有在庆典或节日的时候才会穿上传统服装。

操控。

比方说？他花了点时间整理了一下思绪。患有残疾的人也能为世界增添很多价值。我们需要他们，那些侏儒……还有那些患有唐氏综合征、神经肌肉疾病的人士，患有恐惧症的人，以及很多人。他们都为生命增添了价值。他们都是我们中的一员……因此我不喜欢的是在基因管理中看到很多成员“消失了”……一种所谓的“健康清理”或“保护种族灭绝”理论。基因操控旨在让所有事物都完美无缺，让大家都一样……这得多无趣……

我问他，肯定是有人想要达成这个目标，而且人口众多的控制需求推动了这种清洗，这种根除，因此大公司资助了这类研究，让实验室工作者进行相关研究。是这个原因吗？

是的，他回答，正是如此，这就是问题。

***

以下内容不是出自直接访谈，是我在一篇博客中找到的。

这篇博文是有关澳洲白人对于亚洲人的种族歧视的，但也有来自中国人的种族歧视。我感谢她写了一篇表达如此清晰、有力的文章。

蕾妮写道：

我是一个香蕉人。内心是白人，但外表是黄种人。这是一个中国人使用的轻微带有贬义的词，指的是被“白人化”的亚洲人。我并不觉得这个词对我是一种冒犯，因为它描述了我是谁。我是一个同化的产物，一个在澳洲出生的中国人，为了融入澳洲社会而回避了自己的背景。

同化

作为一个在80年代长大的孩子，我别无选择只能融入或做好因为与众不同而被嘲笑和排斥的准备。我会带着夹有奶酪和维吉麦[①]的三明治而不是叉烧包去上学。我告诉我的澳洲朋友我年末没什么时间，因为年末我们家人要忙着准备大餐来欢庆中国新年——中国农历中最重要的节日。

我们的肚子将被鲜活的海鲜、桌上铺满的各类水果蜜饯与黏稠的月饼填满。冰箱里塞满了猪肉、鸭肉、鸡肉和一罐罐需要解冻的、不同寻常的干货，比如湿木耳和辛辣的干牡蛎。节日期间还会烧香，挂上红色灯笼，而且整个屋子里都贴满了以传统方式倒挂着的写有中文“福”字的红色菱形纸。

我们的大家庭会一直吃到肚子撑满为止。爆竹声在空中回荡，到处都弥漫着节日的味道，孩子们会收到装有现金的红包。我的兄弟姐妹们收到了精心制作的带有金属丝和彩色玻璃纸的灯笼。我们在后院四处乱跑，龙灯和莲花灯在夜色中闪闪发光。然而，我的白人朋友们并没有分享到这种快乐，因为这不是典型的澳式节日，也不是他们能体会的经历。

我试图和我的朋友们分享中国的传统。有一次，我父亲在我爷

① 译者注：一种知名蘸酱。

爷去世一周年的时候烧纸锭，差点把房子给烧着了。我们为在天上的爷爷烧纸锭时，纸锭被一阵风吹过，并点燃了一大片地方，这原本是一件好笑的事情，但却变成了怪异和丢脸的事情，朋友们都觉得莫名其妙。“这太奇怪了。”一个朋友嘲笑道。

我希望我能更好地解释这个习俗，因为这是为了纪念一个深受我父母敬仰和怀念的人。我想要告诉我的朋友们我父亲眼里的快乐，那就是他笑着描绘出这样一幅画面，我们的爷爷在另一个世界招呼他的朋友们喝早茶，旁边摆满了我们通过后院的垃圾焚化炉烧来的黄金、银器、衣服和钱。我后来意识到，把中国文化留在家里，尽可能减少别人对我背景的关注能让我更好地融入生活。

中国佬和诸如此类的贬义词……

有时融入当地社会并不简单，我会被突然提醒自己是与众不同的。在我 7 岁的时候，有一次，当我和父亲经过悉尼西部一个废弃的购物中心时，我们被一群白人少年围住。“嘿，中国佬，你们有钱，把钱给我们！”我父亲微笑着，伸出手掌回答：“抱歉。”

我们继续往前走时，我把头埋在父亲的身上，紧紧抱着父亲并不健壮的大腿。他伸出胳膊围着我，我们继续向前走，他们逐渐靠了过来。“你不会说英语，把钱给我，中国佬！”一个少年咆哮道。还说了很多我之前从未听闻过的单词，比如 Nip，Ching Chong，Gook，Slanty，这些单词都混在他们的脏话里。伴随而来的是推搡而且我无法挣脱。我的父亲掏出钱包，拿出了他微不足道的薪水，让他们离开。

我在维多利亚州的一个有六千人居住的小镇上长大，而我家是镇上唯一的亚裔家庭，这进一步加深了我对澳洲白人社会的认知感。

我记得我们到达斯托尔（距离墨尔本约300公里的小镇）的第一天，我父母坚持用照片骄傲地记录下我们开始经营家族生意的情景。融入当地本身就已经够难的了，我们还决定经营这家本地的中餐馆。我的额头上似乎被刺上了“中国人”的字样一般。那天，我和哥哥笨拙地站在那里，几个年纪大一些的孩子在远处父母的注视下忘乎所以地在那里轮流摆出斜眼脸，然后嘶嘶叫着：“睁开你的眼睛！”

滚开！我们人满了

成长过程中我习得了一种应对机制来面对残酷的现实，即澳洲并不像旅游局想让游客认为的那样多元和开放。潜在的不满情绪每隔一段时间就会表现出来。2005年，悉尼种族骚乱登上了国际新闻的头条，并揭露了澳洲令人震惊的不宽容程度。

澳洲还有更微妙的种族主义情况。澳洲文化中有一种固有的、随意的、公开的种族主义，其中一种针对的是“白澳政策”被废除后来到澳洲的地中海地区移民。还有一些笑话是关于初来乍到的印度人和对来自亚洲的司机的刻板印象，这些行为都被伪装成笑话，以供澳洲人哈哈一笑。基于我广泛的国外旅行经验，我发觉这种几乎不加掩饰的种族主义笑话是澳洲独有的。

在我的家乡昆士兰州，我偶尔会遇到开车的乡巴佬，在车上自豪地贴着“滚开，我们人满了”的贴纸。不久前，昆士兰人保利娜·韩森加入了国会，她以其极右翼的反多元文化的观点而出名，她毫不掩饰地说：“我相信我们正处于被亚洲人淹没的危险中……”当我问一位斯里兰卡的出租车司机，我们的社会在宽容度方面做得怎么样时，他回应道：“澳洲人作为一个整体并非种族主义者，但这并不能阻止我每周遭到种族歧视。”

我永远不知道何时我会因为自己的长相而受到语言上的侮辱。在多元文化交汇的城市布里斯班，我在阳光明媚的一天走在回办公室的路上。当我走在繁忙的街上，一个男人经过，他冲着我的脚吐了一口口水并用仇视的目光看着我，大喊：“滚回你的国家！”我停了下来，但那个胆小鬼继续走着。听见的陌生人都看向了另外一边。他是谁，凭什么让我觉得我不属于自己心爱的国家？

为什么我的眼睛看上去很滑稽？

“为什么我的眼睛看上去很滑稽？”我6岁的儿子有天晚上一边不经意地问起，一边把他的颧骨往上翘，让眼睛看上去小一点。我立刻断定学校里有人取笑过他。“这话是谁说的？”“你为什么这么问？”我本该以另一种方式来和他对话，但尴尬和受伤的感觉很快淹没了理智。“没人这么说，妈妈，我只是觉得我的眼睛看着很滑稽。”

我没有主动给我的孩子们分享中国文化。我觉得没有必要向他们解释，他们是半个中国人，以至于他们没有意识到自己并不是白人。我责怪被同化的自己，依然在逃避我的中国血统。

“你的眼睛和我的很像，我是中国人。”我希望我儿子没有注意到我带着勉强的笑容和尴尬回应他。

“你是中国人！？”他震惊地说道。我一生中从未声称过自己是中国人，所以说的时候感觉很奇怪。好容易说完这句话，我才意识到自己既是中国人也是澳洲人。“不好吗！？你有一半中国血统，而另一半血统来源于你爸爸的英格兰、苏格兰和德国血统”。他站起身，照着镜子，想要弄清楚胳膊和腿分别属于哪个国家。

“你有一个来自上述所有国家的家庭，但你在镜子里看到的是一个澳洲男孩，就像爸爸妈妈一样，在澳洲出生。”

我希望我儿子能注意到我声音里带有的自豪感。

融合依然有望

粤语中有一个词叫做“竹升”，即是“竹竿”之意。一根竹子有多节，从竿顶流出的水不会从竿底流出，反之亦然。这意味着如竹升一样的人不属于任何文化。

我担心我的孩子们永远无法被中国或澳洲社会所接受，夹在两种文化之间，还得挣扎着寻找自己的身份。但还有希望。澳洲开始关注多元文化，人们不再需要完全沿袭澳洲白人的文化来找到归属感。相反，不同的文化、习俗和种族，包括所有使澳洲美好和独特的东西都受到了欢迎并被庆祝。

澳洲是个存在种族歧视的地方吗？培养有韧性的孩子并在多元文化中寻找希望

我正见证着学校的餐盒里装有寿司卷、咖喱、饺子、色拉和意大利面，日历上写满了各种文化日，并鼓励孩子们向他们的朋友展示自己文化的特别之处。这是一个令人感到震惊的改变，因为直到70年代后期，我的哥哥和姐姐才被安排到一个以英语为第二语言（他们说得很好）的为少数民族开设的独立教室。

我张大了双眼，如果澳洲正在向文化多样性靠拢，那是时候有意识地向我的孩子们展示他们所接触的两种文化到底有多么美好了。

米歇尔

米歇尔和我在一家咖啡馆里聊天，咖啡馆的背景是霍巴特（塔斯马尼亚州）美丽的德文特河。仲夏时节，气氛很轻松，还有一种假期的感觉。如果是6个月之后的话，那人们就会匆忙用外套和围巾捂住脸和脖子了。米歇尔的思路清晰，对问题理解得很快，这表明她的心理年龄比实际年龄要大。因此，她很容易和他人进行深层次的交谈。她获得了部分奖学金，现在在塔斯马尼亚大学修读会计学。她来自上海，并且在澳洲已经度过了18个月。

为什么学了会计？

我的父母都是会计师，而且我喜欢在办公室里工作。我起初学的是市场学，但是转了专业，因为我不是很喜欢市场学，而且我认为会计专业可以提供更多工作选择。

你现在持有学生签证，你喜欢澳洲吗？

是的，很喜欢。当我完成学业后，我想要获得两年的工作签证并在公司就职，积累经验。之后我将会申请永居签证。

拿到学位后在澳洲找会计工作容易吗？

很难找。而且因为很难找，很多公司想让你以实习生的名义免费为它们工作。

即使你有学位在手也一样吗?

是的,工作一两年,没有任何工资!

我们聊了很多东西,但之后回到了想要留在澳洲的主题上。

你知道有些外国人会试图找一个澳洲男人或女人作为配偶,或假装与其相爱并结婚,从而获得永居签证。你会这么做吗?米歇尔看上去被吓到了,眼神和言语间都透露着震惊。**我永远不会这么做。不,我根本做不到。我会凑到足够分数,以正当的方式拿到签证。**

和我采访过的其他人一样,米歇尔想念国内的美食,但她说她从来不喜欢辛辣的食物,所以她并不想念辛辣的菜肴。

你自己会做饭吗?

是的,我每天晚上会简单做一点吃的。但有一次,我尝试像我妈妈那样包饺子……我很爱吃饺子,我做的饺子可差了,所以我问了一下妈妈。她说等下次见面的时候亲自示范给我看。我也给我妈发了一个我回家时必须由她亲自下厨的美食清单,一个很长的清单……

澳洲中餐馆里的美食正宗吗?她的回答相当生动。**一点都不正宗。你可以从菜单上看到,他们做的中餐其实并不是中餐,是我在国内从没见过的菜肴。有一次我和一个澳洲人去一家中餐馆吃饭。他说这是一家顶尖的中餐馆。饭后他说,中国**

根据中国教育部的消息,越来越多的澳洲学生在中国学习。他们觉得在那里学习的费用更低。另外,两国之间的学生交流项目也日益增多。

菜好吃极了——而我认为，那根本不是中国菜！

你有什么不喜欢的澳洲美食吗？我不喜欢维吉麦，但是你们很喜欢吃（她指的是大部分澳洲人）。

我让她告诉我，中国人对于澳洲和澳洲人有哪些偏见和误解。

来到这里的中国人害怕说英语，因为他们认为澳洲人会嘲笑他们。但并不会这样。澳洲人会很友好地倾听并尽量理解我们。这是可以理解的。我在中国的时候，也很害怕用有限的普通话与人交流。

从此之后，我们之间的对话更深入了，她说，在中国，人们认为来自西方国家的人受过的教育比自己多，我不确定我说得是否恰当，但他们认为自己的事物没有西方人好并为此感到尴尬。

你的意思是他们并不觉得自己受过良好教育，或者认为自己见识不足？

是的，没错。他们认为他们缺乏一些……一些西方人有的东西，而这种心态会让他们想要变得和西方人一样……去模仿他们……这是不正确的。比如说，当我小的时候，我的老师给我取的英文名是琳达。她给所有孩子都取了英文名。我认为她这么做是为了给我们留下深刻印象，但事实上印象并不深刻。

你的英文名米歇尔从何而来？

是这样的，如果我要取英文名的话，我必须取一个我喜欢的。我喜欢米歇尔。别人起的名字又傻又可笑。起名纯粹只是为了成为国际主义者（internationalist），英语中有这个单词吧？

继续说，没关系。

还有一些公司给员工取英文名，有些名字很幼稚。这都归咎于

我们中国人并不觉得中国足够好。

我接着告诉她我曾采访过的一个中国女孩，她因为没有获得大学文凭而感到难过。**那她为什么不直接去读一个学位呢？**思路清晰的米歇尔问道。**在中国，如果你没有接受过适当的教育，你是找不到好工作的。就是这么简单。她必须去学习。但是在澳洲就不一样了，很多人没有一定程度的学历，但他们仍然能找到工作。有些人自己创业。不像在中国，几乎很少有人自己创业，他们都给其他人打工。**

之后，我们说到中国女孩为了留在澳洲嫁给当地人，她问，**澳洲人怎么看待跨种族通婚？他们觉得合适吗？**

我接着说道，50年前，很多人不认可这种婚姻，尤其是有强烈基督教信仰的人。你要明白澳洲已经成为世界上最具国际性的国家。这基于我们的人口数量，我们拥有世界上最高比例的外来移民。我们国家有几乎所有民族的人。因此，我们早就对看到不同肤色的人习以为常了，而且你无法阻止一个白人爱上一个黄种人，或者一个黄种人爱上一个黑人，或者一个黑人爱上一个白人。所以没错，跨种族婚姻有很多。事实上，很高比例的婚姻都是发生在不同民族之间的。就我个人来说，我认为这是件好事，我喜欢看到一个黄种人和一个白人在一起，还带着他们的混血孩子……很漂亮。因此我们对此习以为常，不会有任何想法。

那婚前性行为呢？是好事吗？在澳洲会发生吗？

会发生。在澳洲，两个人结婚时还是处子之身的情况很罕见。人们想要确保他们和自己的配偶是“完全”契合的。

在中国，没有这么多这样的情况。很多人在结婚时还保持着处子之身。但是在大城市，现在有些人喜欢与其他异性“鬼混”。但在乡村地区并不会。你认为在婚前乱搞是好事吗？

不是好事，但我无法想象在婚前不发生性行为。我认为性方面，如果处理妥当就没问题。你必须喜欢或爱你的对象，就像你的对象喜欢或爱你一样。大多数感情都会是这个情况。当然，也有像快餐式的一夜情存在，但大多数人能领悟到这并不是他们想要的感情。我接着告诉她，当我很久很久之前还年轻的时候，我信仰的文化告诉我只有和一个女孩在一起，才能成为真正的男人。所以在遇到那个她之前，我感到很窘迫。我在 14 岁的时候并没有觉得自己像一个男人。15 岁，16 岁，17 岁时也一样。直到 18 岁的时候我才遇到了她并和她发生了关系。但是第二天早上，我并没有觉得有任何不同。是的，性爱的感觉很好。但是，一个澳洲人得把自己的秘密告诉他的朋友……毕竟，我想只有当别人知道了我的小秘密时，我才会觉得自己是个男人。所以我必须告诉我的朋友，而且尽可能多的朋友……这就好比上了火星但没有告诉任何人，那能有什么乐趣呢？所以我们这些男子汉会吹嘘自己，让自己有种身高六米的感觉……我们努力把自己抬高的做法太令人厌恶了。但在那个年龄我们并没有现在这样的想法……而且来自同伴的压力不是件好事。

我知道很多居住在城市里的年轻人也是一样的。他们会猎艳，然后告诉每个人，吹嘘自己……这样不好……

玛丽和托尼

玛丽和托尼是两个年轻的中国人，约 26 岁的年纪，持打工度假签证来到澳洲。他们的工作大都在农场，负责摘樱桃和其他成熟的水果。我们在一个停车场里打了招呼并开始闲聊起来。当我询问女生的名字时，她既大声又愉快地告诉了我，就像年轻人身上应有的活力那样。她说玛丽。我又问她的姓氏，她说，**兰姆（Lamb）……你懂得，玛丽有只小羊羔**[①]。

我们都笑了。我又问了男生名字，他相对安静一些，有点内敛……**托尼**。

姓氏是？

他迅速想了一下，脱口而出，**托尼……托尼有匹小马……我的英文姓氏现在是珀尼（Pony）**。

大家又笑了。他们赶时间，所以我没能问我的问题。他们记下了我的信息，并说他们会把信息发到网上告知他们所有的朋友，他们确实也这么做了，因为好几个人之后联系了我。

过了几天，玛丽给我打了电话并提议在一个公园见面，因为外面天气很好。我答应了，那天天气晴朗，蓝天白云，公园里还有小孩和年轻的妈妈东奔西跑。我们面对面坐在一张桌子前。

闲聊了一会，我们进入了访谈。我得知她已经 30 岁了，但看上去更年轻一点。她三个月前才来到澳洲，并获准居住两年。两年后，她有可能回中国香港做一点小生意，做她喜欢做的事情。

---

① 译者注：美国童谣《玛丽有只小羊羔》（*Mary Had a Little Lamb*）。

我们就此聊了一会，并探讨了一下她究竟想做哪方面的生意。

那个时候，她没有去摘水果，而是在饲养三文鱼的养鱼场工作，负责将它们切块，然后包装好出售到世界各地，也有可能销往中国。

你喜欢这份工作吗？喜欢，但这不是我想要从事一辈子的工作。她告诉我，这里的人们很友善很公平，他们对她和其他人很好。我每次排到的班都不一样。这不是一份真正的工作，我是临时工，我们都是临时工，那意味着如果他们没工作安排给我们，就会叫我们回去，明天再来试试。到目前为止，我在那里工作还挺开心的。

你更喜欢这份工作还是农场的工作？这份工作更好。农场的工作会弄脏我的指甲，我喜欢我的指甲干干净净的，不然我要花很多时间清理。

我笑了笑，心想比起每天处理鱼来，我更愿意在会弄脏指甲的农场里干活！

工作期间有遇到过问题吗？没有……有，有，我告诉别人我叫玛丽，这样大家就都能叫我的名字了，但有时我会忘记自己的名字是玛丽，我的老板或其他人会过来对我说，玛丽你怎么回事，我们都叫了你三遍了！

你来这里的时间不长。你有没有遇到能称得上是朋友的澳洲人？澳洲人好打交道吗？我遇到了你。你就是我的朋友，不是吗？

听完我笑了，并回答确实如此。她继续说道，我没有澳洲的朋友，太难接触到了。我总不能直接冲上去吧。我在这里有好朋友但他们都是外国人，像我一样，来到这里工作的外国人。他们都很好而且会帮助我。我住在一个群租房里（每个房间独立出租的大房子），条件还不错。大多数租客都在工厂工作，大部分是亚洲人。房东也是亚洲人。

科伦坡计划是一项致力于加强与亚洲关系的倡议——主旨在于提供援助。澳洲已经提供了数百万澳元的援助，其中很大一部分用于在澳亚洲学生（其中很多是中国学生）的教育方面。

我认为玛丽来到这片大陆，和来自其他国家的人共同住在一个房子里很可怜，而且室友还都不是澳洲人。我对她说如果她待得再久一些，我肯定她能交到澳洲当地的朋友。

当你不工作的时候会有什么娱乐方式吗？冲浪。我热爱冲浪，而且在来澳洲前就在国内开始学习了。

你上过冲浪课吗？是的，油管（YouTube 视频网站）是我的教练。我们都笑了。我热爱这个地方以及这片海滩，因为海浪不大，我现在需要“小一点”的海浪。

你遇到过种族方面的问题吗？大部分人都很友善，但有时我看得出来有些人不喜欢亚洲人或者不喜欢我。

***

乔

乔（出于隐私不想公布真名，所以我们叫他乔）36 岁，来澳洲 3 年。他长得很帅气，皮肤光滑，留着短发，戴着眼镜。他个头很高，简单地形容他，那就是——一个思想家。

我们在他工作的地方聊天，那是一个塔斯马尼亚州的老年护理机构。乔来自中国的福建省（与塔斯马尼亚州是友好省州关系）。他是和妻子、父母一起来的澳洲，现在有了一个 11 个月大的儿子，他对此感到骄傲。

乔在中国时曾是一名电气工程师，但当他来到澳洲以后，他觉得这份职业并不符合他刚成立不久的家庭的生活方式，因为他很有可能得举家搬去偏远地区。乔决定换一份工作，转而学习护理知识，他现在正努力学习并走在成为专业护士的道路上。虽然他没有说，但显然他非常温和，对于机构中的老年人也关爱有加，因为我目睹了他与他们之间的互动方式——非常和谐。

我问他喜欢澳洲的什么地方，他说，行动自由、空气质量和整个塔斯马尼亚州，事实上整个澳洲都是天堂……我也喜欢澳洲的多元文化，以及来自全世界各个地方的很多人居住于此，这样很好。据他所说，这就好比永续农业中的“健壮的”多元文化，而不是“脆弱的”单一文化。

他也有不喜欢的地方，但是这些东西并不是澳洲独有的，在世界上很多国家也相当普遍——因此人们还得继续生活下去。他确实也说了，他觉得有些移民似乎并不喜欢这个国家和它所提供的东西……他们应该至少在来澳之前做好心理准备。他说，根据媒体报道，澳洲的官僚主义，尤其是公共部门方面的官僚主义让他很惊讶，他并没想到在这儿也会存在这种情况。有些年轻人纵使有不当的行为，也会被法律所庇护。对于他们这些罪行的处罚力度可能不够严厉，因为目前的处罚似乎并不能起到威慑作用。高福利自然是一件好事，但财政方面的支持应该被分配给那些真正需要的人，因为有报道说福利制度存在被滥用和欺诈的问题，而且不公平的是，纳税人正在为公共部门这种懒惰和低效买单。我还认为澳洲人应该参与环境保护，因为这与福利以及整个当代人和未来子孙的幸福息息相关。

我问他最想念中国的什么，他很快回答道食物。我想念中国的美食，然后他跟我聊了火锅！（我在中国吃过火锅而且很爱吃。）

我问他是否觉得中国政府对于人们离开中国来到澳洲生活会感到不满。他说中国政府对于人们离开祖国并没有限制，而且政府可能意识到人们去到不同国家生活会给中国带来好处。比如说，很多澳洲华人会寄钱回国。他们通常能学到不同的技能，回国后能把这些技能分享给别人。中国和澳洲之间的关系是不错的，也正因为如此，现在中国至少有 15 个城市开通了直飞澳洲的航线，比任何其他国家都要多。他接着说道，他以中国为傲，因为在过去的 20 多年中，中国在技术和生活水平方面取得了巨大的进步和成就。

肯

肯给我发了邮件，询问我们是否可以使用常彼得的故事。

我记得，有一次我姐姐邀请她男朋友和男友的父亲一起共进晚餐。我们随意讨论了一些有关亚洲人民族自豪感方面的话题。我对于政治没什么概念和兴趣。然后那个叔叔问我，希望能得到一个发自内心的回答："我的孩子，你是哪里人？"我放下游戏机，抬起头只说了一句："我是澳洲人。"然后他尝试得到一个不同的回答："不，

肯

我问的是，你，从哪里来。”我的回答：“澳洲。”这样的问答循环了多次，直到他意识到我没有办法给到他想得到的答案。25 年后，我遇到的人仍然问我同样的问题：“你是哪里人？不，我指的是，你从哪儿来。你到底是什么血统？你的父母呢？”等等。我总是会让那些试图和我闲聊我外表看上去是什么种族的人感到沮丧，我会告诉他们我是谁，而不是让他们告诉我我是谁。

身为一个澳洲华裔，意味着我不必达到任何其他人的期望，我喜欢做什么就做什么。成为一名教师自然很棒，我有很多学生问我，我的发色天生是什么颜色的。我有异国风情的发型。他们看到的不仅是我的种族，而将我视为一个澳洲同胞和一个普通人。

海伦 · 杨

海伦 · 杨爽快地接受了我的电邮访谈，并回答了我的问题。她是一个在澳洲学习的 26 岁学生，于 2015 年 7 月从中国来到这里。

你学的是什么？

管理学硕士（会计和金融）。我现在正申请读博。:)

海伦一定很喜欢这里，她说道，**这里有可爱的人们，新鲜的空**

气，安全的食品，高质量的市民，还有墨尔本的文化很棒（街头艺人总会有不同的活动和表演），有更多的时间享受生活（压力更小）。

我来到澳洲已有两年，但我更喜欢吃中餐，和中国人交朋友，看中国的电视剧。我觉得要融入一个全新国家的文化太难了，我们国家的文化非常不一样。我对澳洲"有所了解"，但我更"懂"中国。

说到这里，你热爱中国的什么传统？

我爱我的祖国，所以我也爱它所有的传统。

哪方面的中国文化是你想要保留的？

我自小学到的所有东西都是和中国有关的。我想保留的或许是孔子所说的谦逊吧。

你最喜欢哪段时期的中国历史？

古代历史。自幼儿园起，老师会教我们中国历史，很多名人轶事，这可以帮助我们了解并热爱自己的祖国。我每年春节的时候会回一次国。但是，这是一个了解世界（指离开中国），了解不同文化的好时机，也是一个开阔眼界的好时候。

海伦·杨

你怀念中国的什么？

淘宝（在线购物，我告诉我妈妈让我回国的一个原因就是淘宝☺）。

中国现在的发展情况如何？

我曾去一些不同国家旅行过，老实说，中国的发展是最快的。有一次，我周末待在家里，而当我周一出门时，我发现附近新建了一座人行天桥，只花了两天时间。上个月我去了北京，北京比我上次去的时候（两年前）又大了很多，而且在商务中心区建了更多的高楼大厦。我为中国的发展感到骄傲。

我的想法是，如果那座桥是建在澳洲的话，至少要花一个月。要等官方签署一大堆批文，还要找建筑工，好吧，那情况可就不一样了……

你觉得在澳洲受到欢迎吗？

是的，无论是在大学还是其他地方，很多便利设施能帮助初来乍到的新人尽快融入。我是一个相当热爱寄明信片的人，我和世界各地的人交换明信片，而且我总是会说我有多热爱墨尔本！

你不喜欢澳洲的什么？

高消费。比如墨尔本的公共交通，超过两小时，车费就要超过7澳元，具体多少我记不清了。但是在哈尔滨，每次只要0.2澳元，如果你换乘另一辆公交车，你只要再花0.2澳元。大部分情况下，一趟公交车就能带你去到大部分你想要去的地方。

你有澳洲本地的朋友吗，平时会一起玩耍吗？

没，我所有的朋友都是中国人。

你有什么喜欢的食物吗？

牛排、奶酪和牛奶（你也可以品尝到来自很多不同国家的食物。我很喜欢墨尔本的一家韩国餐厅，我觉得它家的菜比我在首尔吃过的还要好）。

这边的房子怎么样？

大部分公寓都自带健身房和游泳池，火警探测器和分类垃圾箱。

学校呢？

我只了解大学。等我有了孩子以后，我会把他们送出国，为了能让他们选择喜欢的课程（在中国，选修课全都是由学校分配的）。

有什么话想对在国内的人说吗？

我最想念的是澳洲的空气——我目前在哈尔滨，这里的空气状况很差，五个月内我已经病了四次。我想念有蓝天的日子。在澳洲时，我两年没生过一次病。

上次我和朋友一起吃火锅，她问我关于澳洲的情况，因为她的哥哥在悉尼上学。餐厅里的一位店员听到了我们的谈话，她询问了有关澳洲食物、文化方面的问题，问我在那儿过得好不好。都是有关日常生活的问题，我认为大部分人都在为生计担忧。

卡尔·钟医生

卡尔·钟医生是一位兽医。我收拾好背包和电脑（其实这就是我的办公室）然后出发前往澳大利亚首都地区，确切来说是堪培拉，我要去那儿照看我哥哥的房子，更重要的是，在他和凯西去国外旅游一个月的时候，照看他两条心爱的狗子。但仅仅在他们出发一两天后，那只年龄大一点，名叫邓斯托尔的公狗，出现了咳嗽的症状。

在我看护期间，我可不能让它继续遭罪。于是我带它去找当地的家庭兽医，这也是我遇到卡尔医生的地方。

我后来才得知，这位医生年仅 26 岁，和他的父母于 2009 年从中国台湾来到墨尔本。他是我见过最体贴、对于邓斯托尔和宠物主人的需求最敏感的一名兽医（尽管宠物的“主人”一词让我觉得并不妥当，因为我不认为我们拥有它们。我们关心它们，爱护它们，而它们通常也爱着我们）。让我有点意外的是，在这个年代，他还会在之后给我打几次电话询问邓斯托尔的情况如何，新药的效果是否更好。这位年轻人给我一种他还在提供“旧时代服务”的感觉。

在和这位医生沟通了约 10 天后，我和他说起了我在写的这本书，并询问他是否愿意接受一次访谈。他欣然应允，但在认真思索片刻之后说道，**我阐述的观点可能是从我父母的角度出发的，因为他们更了解祖国。**

他用了祖国这个词，这让我觉得挺有意思的，因为当我问他家在哪里时，他说，**肯定是澳洲**，说得很有道理。我问他中国台湾对他来说是否代表着家。他说**不完全是**，我们继续聊到绿茶和热巧克力，非常显然他把澳洲视为了家，但他也有传统上、文化上或祖上的家，那就是中国台湾。他喜欢中国的食物和文化。后来我发现，时至今日，他仍然热爱着祖国的老故事。他经常回家，而且在那儿度过了非常愉快的时光。当然他是为了去探望在中国台湾的祖母，他和祖母显然很亲近。随着她年纪越来越大，他会尽己所能多回去看望她。

不过，他似乎还有第三个家，可能更像是一个精神上的家，那就是日本。他去过日本四次而且会说日语（他的第三语言），他还想

在澳洲出生的中国人会称呼自己为 ABC。

一条有趣的摘要

在 19 世纪 60 年代，约 15 名中国人被冠以非法赌博的罪名。警察在赌博进行期间闻讯而来并逮捕了赌徒。屋子里大约有 150 人，当警察到来时，他们警告所有人都待在原地，但很多人撞破墙上的木板逃走了。剩下的人都被逮捕了，还有一个人，显然是位银行家，和他的助手被警察发现时，正尽可能快速地将钞票塞进包里和口袋里。

这些钱后来被警方没收，之后的去向也不得而知。那位银行家被罚款 20 英镑，而剩下的人每人被罚款 5 英镑。

当地报纸报道了我们法庭在对证人，尤其是中国人的宣誓制度方面有多么荒谬。至于那个被起诉的银行家，法庭花了很大工夫才让他以适当的方式宣誓。让中国证人宣誓的惯用方法似乎是吹灭一盏灯。但这么做是不恰当的，经过了一番讨论，一位中方代表声明真正的方法应是砍掉鸡头。这样的说法显然让法官斯金纳不悦，这位代表也被立即解雇。然而，过了一段时间，银行家同意将手放在基督教《圣经》上宣誓，尽管他并不知道这么做的意图为何。

很多中国游客飞来澳洲赌博，他们待在市区里的赌场，待多久赌多久。有些人赢了钱，有些人赔了本。

澳大利亚国家广播电台 7 月 14 日报道说，大部分在澳华人更喜欢以中文形式了解国际新闻。

卡尔·钟医生

以一名兽医的身份在日本工作一段时间——在未来。然而，要想在日本从事兽医的工作，他将不得不在那儿再学习一遍兽医。

我问他，什么时候起想要选择兽医作为自己的职业。他非常清楚。在中国台湾读三年级时，他读了吉米·哈利（James Herriot）的书（原名为吉米·艾非德·怀特，James Alfred Wight）。吉米自己就是一位兽医，还写下了兽医系列的故事。自此，卡尔对自己的使命深信不疑。吉米对动物的热爱和尊重似乎被注入了小卡尔的心灵。因为那时的卡尔与动物的接触非常少，而且中国台湾的动物或宠物并不多。当他父母提议他们想要去澳洲时，卡尔十分向往。他知道澳洲是一个充满宠物爱好者的国家，而且怀揣着成为一名兽医的愿望，他在澳洲会做得更好。

2009 年，卡尔一家四口移民到澳洲。他的父亲（曾受训于电讯行业）很快找到了工作。卡尔和哥哥继续高中学业，之后再升入大学，卡尔的哥哥后来成为了一名教师。卡尔的父母住在墨尔本市郊，那里有一个大型的华人社区。卡尔假期时会来看望父母，他对他们只说中文而且完全不会考虑说英语，因为他们长久以来都是以中文沟通的。中国台湾对他的意义永远是“回家”，尽管他热爱澳洲，对澳洲充满感激，他觉得当他允许有两个家的时候，为什么不选择两个家都要呢？他以较低和沮丧的语气说，相比澳洲，他对于中国台湾缺少对动物的尊重表示担忧，他又说人们在对待动物方面还有很多东西需要学习。

谈到他在澳洲接受的教育时，他觉得比起那时在中国台湾接受的教育更好。卡尔觉得澳洲学校更鼓励学生跳出固有思维模式。他认为这么做给有创新精神的、聪明的学生提供了更多机会。他接着说道，他觉得中国台湾的教育和中国大陆的教育或许也有了一定提高。

当说到大学的学习时，我问了一个问题，他的高等教育助学贷款是否有待付清？（高等教育助学贷款 HECS Loan 是一项由政府提供，用于补贴大学费用的贷款。但是，这是一项会产生利息而且必须还清的贷款。对于很多澳洲的大学毕业生来说，付清这笔贷款可能需要极大的努力，因为这笔费用可能非常高。有报道说，有些毕业生要到 45 岁或 50 岁的时候才可以还清贷款。当然，这笔贷款还妨碍了他们购房或积累其他必要资产。）听了我的问题，卡尔露出了难为情的笑容，说道："是的，还没有还清，而且我一直否定它的存在。"他接着说，他打算不久后好好了解一下这项贷款并开始逐步偿还。他说他的贷款没有其他学生高，在这方面他觉得很幸运。一旦他开始努力工作，用不了太久就能把贷款还清。

卡尔作为一名合格毕业生的故事，和其他受访者在大学毕业后的前几年尝试找工作的故事很相似。他发现很多公司只想付出极小的代价来换取人才，就像它们口中的"我们在帮你积累工作经验"，这让他很难受。卡尔在墨尔本做过一份这样的工作，很遗憾，那对他来说不是一个合适的地方。他的一个从事兽医研究的同事，给他打了电话并告诉他，她在堪培拉的一家诊所工作，这家诊所正在招人，她把他推荐了过去。这件事发生在两年前，卡尔在这家诊所工作得很开心。我能感觉到在完成长时间的工作后，他会独处，而且也会感到孤独，因为他的家人都在墨尔本。因此，很可能在未来的几年里，他会回到墨尔本，但在这之前，他需要积累经验和钱。

尽管卡尔有一些中国朋友，但他不会去主动融入堪培拉的华人社区。他还有些非华人的朋友，但因业余时间有限，他只和特定的朋友玩耍。除此之外，他不工作的时候还会做家务（他并不喜欢做家务），洗衣服、熨衣服（依然不喜欢），当然他还会烹饪，但即使他遵照母亲教给他的烹饪方法，他做的菜看起来和吃起来都同他母亲做的依然不一样！他接着说，当他回家探亲时，他的母亲会把家里做好的饭菜“打包好”放入冰箱，以便能让他带回去。

我与这位温柔体贴的兽医道了别，我知道哥哥家的狗子一定会平安无事。

写在所有访谈后

所有答应我进行提问的受访者都乐于履行义务。大多数情况下，双方都觉得这是一次有趣的访谈。我觉得很有意思。

显而易见，对于那些在澳大利亚安了家的人来说，他们热爱澳大利亚。同样，他们也对自己的血统和中国文化感到骄傲。他们是真正的两国公民。他们对澳大利亚充满感激。大多数人都曾有过不愉快的类似于种族歧视的经历，但是他们都能意识到大多数澳大利亚人都是公正的人。我从访谈中得出的结论是，在这里“过活”并不容易，找到自己的位置也很困难，但如果你坚持下去，你就会成功。

每当我和可爱的受访人告别时，我都会觉得我又多交了一个好朋友。

我在此感谢你们所有人的时间和开诚布公，以及你们向我传达的有趣的信息。你们的性格体现在书中的字里行间……

澳大利亚在五十年后会变成什么样子？

当然，澳大利亚的科技革命将会发生，这已经在改变我们的生活了。因为这本书是有关人，而不是关于物的，我指的是——我谈论的是人本身。我不是在讨论人工智能，不是虚拟现实，而是讨论真实的现实，关于人的现实……我关注的是人类的智能和人类情感的智能。当然，未来我们似乎不会是100%的自然人，因为到时每个人的身体里都会有一些科技元素。不过，到那时澳大利亚人会是谁？他们会是什么样子的？我们的社会互动会如何呢？在未来的五十年里，我们将很难分辨现实和数字现实的区别，因为数字将被所谓的“正常现实”所吞噬。

让我们再次回到人。关注有抱负的人，抚养孩子的人，渴望舒适生活、没有太大压力的人，和其他人保持良性互动的人……人与人之间分享观点、文化，分享他们的情感，支持彼此，当然还要分享澳大利亚。

在本书最早的部分，我谈到了澳洲基础建设的自发组成部分，那就是人们互相帮助。是人们从其他人那里得到了帮助。我也谈到了许多人所做的善事，比如我虚构的人物王彩和他的故事，以及所有极力帮助澳洲同胞、亚裔澳洲人、澳洲土著人、非裔澳洲人、欧裔澳洲人的澳大利亚人——所有这些人只是普普通通的澳洲本地人，有着不同肤色、不同口音、不同形状的眼睛，但他们都是澳大利亚人。

回到澳洲人五十年后会变成什么样子的问题——好吧，我不是一名未来主义者，我也不能确切说会怎样。但是，我的确有自己的观点，我最强烈的预感是人还会是人——帮助他人，享受他人的陪伴，不过多干涉他人的事，为所有人提供一个公平的环境，这个世界将会成为一个由不同元素构成的大熔炉。

世界人口的增长正在放缓，但因为那些活着的人寿命更长，地球上的空间将会越来越少。澳洲拥有广阔的开放空间，因此如果我们管理得当，所有人都将有足够的空间，即使我们的人口在五十年后预计将达到约 5000 万人。

但是，我们的确需要不断补充来自世界各地的移民。移民给一个国家注入了活力。他们促进了老龄化人口劳动力的延续。移民人口通过消费主义刺激了收入，支持着更高的税收基础，因此才能确保未来的经济状况。因为没有强大的经济基础，一个国家就会陷入挣扎、衰败，并被更强大的国家接管。通过移民的方式来确保人数和经济体量，保护了我们国家的边界。

投资分析理论说，多样性带来了更好的财政安全。这对一个国家来说也是一样的，当它拥有多种多样的矿产和农作物时，可以以此来对冲衰败——澳洲有太多的多样性。不仅是矿产和农作物，还在于人的多样性，这是一个很大的优势。

如分析的那样，当前的人口比例很可能会类推到未来。但是，未来在澳华人的比例可能会减少。原因是世界上其他国家遭遇的困

关于移民，我们需要在尽可能带来更多移民的同时保持平衡，让当前的基础建设为这些人群持续有效地服务。

目前进入澳洲的移民人数设定在每年约 16 万。

澳大利亚在 2018 年 8 月的第二周刚达到并超过 2500 万人口。中国移民的数量已经超过了澳洲本土的出生人数，第 2500 万个澳洲人很可能是一名中国人。

中国移民是目前世界上最大的海外移民群体。

根据澳洲华裔艺术家李林迪的观点，文化之间的神秘的自然力量创造了新的文化和新的可能性。

境可能会加大非华人移民输入数量，因为澳洲是世界上最大的移民国家之一（按现有人口的人均计算）。

面对世界遭遇的各种不幸，澳洲很可能会被要求帮助解救那些在战火纷飞、贫穷国度中生活的难民们。从人道主义的角度出发，澳洲将帮助这些人。这样种族混合仍会持续，只是不一定有那么多人来自中国。会有更多来自非洲和亚洲的人，在视觉上我们也会看到改变，从一个几乎纯白人的种族转变为一个肤色较黑，有欧亚特征的种族——多么有趣。

这些新移民是谁？过去，来自中国的移民很穷而且普遍从事体力劳动。现在，许多中国人来到这里利用他们能为澳洲提供的东西，过得都很富足。很多人在中国拥有丰富的人脉和资源，因此建立了一种双向关系，在两国间开展进出口业务。他们几乎都受过良好的教育。这些移民，以及像澳中商会这样的组织将有助于巩固中国和澳洲之间的双边关系。

这些移民还有另一个重要的特征——他们很富裕，有些非常富裕。凭借这些财富和他们在中澳两国间的业务，他们有强大的影响力。他们将会影响经济和商品的买卖方式。鉴于中国目前是世界第二大经济体，澳洲很有可能因此受益。两国之间的机遇是巨大的，我们彼此都需要对方。

若如之前所说，中国学生确实提高了澳洲学生的平均水平，他们将在商业的各个方面发挥作用。

或许，澳洲人不应该谈论不同种族的区隔，或者是什么让我们与他人不同，让我们来讨论什么能让我们紧密联系在一起吧。我们为自己的血统感到骄傲，我们要互相依存。每一个来到这个国家的外国人都带来了丰富的文化，这些文化已经有数百年或数千年的悠久历史了。就好比一条挂毯，持续编织着澳大利亚人的性格和外貌。

在本书即将完结时，你或许会想知道我的血统是什么？是的，我会很自豪地说我是一个血统复杂的混血儿，也就是澳洲人口中的“杂种”。我的父亲是波兰、法国和瑞士混血，我的母亲是德国人，而我出生在澳大利亚。我并不确定我父母的上一代或再上一代的家庭成员的背景，或许还有一点俄罗斯血统。我是一个纯白人，也是一个澳洲人，在非洲生活了30多年，常年在多国游览。

我在前文提到，2016年的人口普查结果显示，有中国血统的人口占澳大利亚人口的5.6%。

毫无疑问，澳洲的面容正在改变，当今约28%的澳洲人并非出生于澳洲。如果我们看一下澳洲两代人的数字，也就是出生在澳洲但父母来自其他国家的人数，这一数字接近60%。它给我们留下了一个问题，澳洲人是什么样的？更重要的是，根据你刚刚读到的内容，五十年后澳洲人的面貌又会是什么样的呢？

打个比方：拿一杯水，往里加入一点白色的染料粉末。它的颜色会改变。然后加入一点黄色，将会看到更多的颜色变化。加入一点黑色，再是棕色，再加入一点黄色，可能再加一点白色。最终的颜色是什么并不重要，毕竟它只是表象的颜色。让未来五十年的澳洲拥抱这种多样性，以此来塑造一种新的澳洲文化，在这种文化中，广阔的土地决定着我们广阔文化的构成。过去六万年来，土著人民持续拥有这片大陆，若是他们不被承认或不被接纳，我们这个国家将会走向衰弱——假如我们的一个文化群体被剥夺了公民权，那么所有人都将被剥夺公民权。

记住前文的演讲，参议员比尔·阿志说过他不喜欢多元文化主义（multiculturalism）这一词，他认为是所有的文化造就了这个国家。如果澳洲人都这样认为的话，澳大利亚将前途无量。

参考文献

Australian Government–Department of Trade and Foreign Affairs http://dfat.gov.au Australian Bureau of Statistics www.abs.gov.au/ausstats/abs@.nsf/lookup/3412.0Media%20Release12015-16both Na-tional Archives of Australia From *The Global Game Change* by Doris and John Naisbitt *Sydney Morning Herald*, especially 27 July 1903 (death), 1 August 1903 (funeral), 29 August 1903 (Elite Rooms contents sale advert), 5 May 1908 (property sale advert), 27 April 1917 (Maggie's death). *Daily Telegraph*, 27 July 1903 Chris Pratten (ed) (1999). *Summer Hill*, ADHS. Ashfield Council Bicentenary history files (c. 1986–88), compiled by Linda Avramides. *The Advertiser,* 1889 (Canterbury mission), 19 April 1890 (the Mongolian), 1895/6 Mrs Tart (1911). *The Life of Quong Tart: or, how a foreigner succeeded in a British Community,* WMMcClarety, Sydney.

Manning Clark (1981). *A History of Australia.* V, MUP.

Manning Clark (1986). *A Short History of Australia.* Penguin, revised edition.

The Illustrated Sydney News, 29 November 1888, 22 April 1893.

Myra Willard (1923). *History of the White Australia Policy to 1920.* MUP.

Brian J Madden & Lesley Muir (1988), *Campsie's Past.*

Lindsay and Roger Thwaites (undated), *History of Araluen.* Braidwood & District Historical Society.

Australian Town and Country Journal, 5 August 1903.

The Bulletin, cartoons as referenced. 'The Chinese question'

The Chinese Experience in Australia–A Brief Outline for Stages 3-5

https://book.douban.com/review/1277827/http://www.abc.net.au/btn/v2/australians/kee.htm

http://hillendfamilyhistory.com/history/bushrangers/sam-poo/

https://en.wikipedia.org/wiki/Sam_Poo

https://cv.vic.gov.au/stories/immigrants-and-emigrants/language-a-key-to-survival-can-tonese-english-phrasebooks-in-australia/donald-is-my-home-george-ah-ling-c1884-1987/

https://en.wikipedia.org/wiki/List_of_Chinese_Australians

https://honours.pmc.gov.au/honours/search

https://en.wikipedia.org/wiki/Shen_Jiawei

https://aifs.gov.au

https://www.bendigotourism.com/about-bendigo/history/bendigo-gold-rush www.worldpopulationreview.com www.abs.gov.au The National Museum of Australia

https://en.wikipedia.org/wiki/First_Opium_War

http://www.mudgeehistory.com.au/contents/contents.html

http://www.accca.com.au/index.php

关于作者

雷攀（Patrick Grayson）写了近 20 年的故事（他有约 12 本已出版书籍）。他也是一位出版者，因此帮助其他人写了他们的故事。他经常旅行，还有 5 个非常心爱的孙辈。他还有一辆老式温尼贝戈房车（露营车），他将车恢复成最初的样子，尽己所能地让它继续发挥作用。当他旅行、写作以及远程办公时，他通常会开着他的“温尼”车去到西澳大利亚州、昆士兰州、维多利亚州或者新南威尔士州。

他对人感兴趣。这从他的这本书中就可以反映出来。雷攀喜欢去人们所在的地方，去观察各种各样的人。他去咖啡馆并不是为了喝咖啡，他并不喜欢咖啡，他去那里就是为了观察人——是的，去观察他们。他会好奇自己看到的人，好奇他们的生活是什么样子的。当任何有主见或非常有主见的人出现时，他立刻就能发现。他会观察丈夫和妻子之间的互动，看看他们是处于一段彼此尊重的良好关系中，还是处于一方被另一方主导支配的关系之中。

雷攀热爱生活，也热爱他自己的生活。他爱他的家人，并且有很多朋友，无怪乎这本书是一本关于人的书。